农产品市场营销

主　编　何　瑶　邓宗胜　符　立
冉启全
副主编　杨　熙　陈维波　王利萍
徐　谯　杨昌林
参　编　童开春　李毅（男）　陈小华
向明辉　李毅（女）　谯安静
汪　雄　张光辉　曾　巧
郑四海　张芸绮　冉　娅
符　涛　侯　燕　陈文豪
赵　碧　王玉婷　孟小敏
涂禹玲　王小兰　万红生

西南交通大学出版社
·成　都·

图书在版编目（CIP）数据

农产品市场营销 / 何瑶等主编. —成都：西南交通大学出版社，2020.11

ISBN 978-7-5643-7794-6

Ⅰ. ①农… Ⅱ. ①何… Ⅲ. ①农产品－市场营销学 Ⅳ. ①F762

中国版本图书馆 CIP 数据核字（2020）第 210235 号

Nongchanpin Shichang Yingxiao

农产品市场营销

主　编 / 何　瑶　邓宗胜　符　立　冉启全

责任编辑 / 孟秀芝
封面设计 / 原谋书装

西南交通大学出版社出版发行
（四川省成都市金牛区二环路北一段 111 号西南交通大学创新大厦 21 楼　610031）
发行部电话：028-87600564　028-87600533
网址：http：//www.xnjdcbs.com
印刷：四川煤田地质制图印刷厂

成品尺寸　185 mm × 260 mm
印张　12　　字数　266 千
版次　2020 年 11 月第 1 版　　印次　2020 年 11 月第 1 次

书号　ISBN 978-7-5643-7794-6
定价　49.00 元

课件咨询电话：028-81435775

前言 PREFACE

随着“互联网+”时代的来临，特别是在“一带一路”建设“乡村振兴”战略的大背景下，第一产业和涉农行业面临着新机遇与新挑战。为适应农产品营销发展需要，组织人员编写了《农产品市场营销》一书。

本书借鉴吸收了国内外农产品营销的基本理论和最新成果，取他山之石并加以发展和创新。全书以新理念、新模式、新平台、新时尚为价值取向，以农产品营销为重点，农商文旅养行业营销为补充，较为全面地阐述了新时代背景下农产品营销的新方法、新途径。

本书引入“任务驱动”理念，以模块为单位，将项目分成具体的学习型或工作型任务组织教材内容，对教学改革起到了良好的导向作用。

本书力求深入浅出、通俗易懂，将理论性与实用性相融合，最大限度地满足中职中专教学与学习的需求，并可作为社会从业人士的参考读物。

本书在编写过程中,得到了西部创意农业教育集团、创意农业发展论坛组委会、乡村振兴战略研究院联盟、四川松柏生态农业有限公司、巴山大峡谷AAAA级风景区、毛坝的五马林场生态康养基地等单位的大力支持与帮助。章继刚、雷铭远等专家也为本书的编写提出了建设性意见,提供了很多可供借鉴的案例,在此一并感谢!

本书在编写过程中参考引用了大量资料,如有涉及相关知识产权的内容,希望相关作者能及时与编者联系。

由于编者水平有限,加之时间仓促,书中难免存在不足之处,敬请专家、读者批评指正。

编　者

2020年8月

目录 CONTENT

模块三　农产品新营销

模块一

认识营销

项目一　营销发展概述

项目二　营销理论学习

项目一 营销发展概述

任务一　国内外农产品营销发展历程

【任务描述】

“士别三日，当刮目相看。”这个典故说明时间可以改变一切，量的积累会导致质的变化；事物是发展变化的，不能用老眼光、老观点看待同一事物。同学们，如今，我国市场经济异常活跃，蓬勃发展，市场营销是与生俱来的吗？营销经历了怎样的发展历程？让我们走进本节内容。通过本任务学习，我们将了解国内外市场营销发展的区别和历程。

【任务目标】

- 了解国内市场营销的发展历程
- 掌握国内农产品市场营销的历程
- 掌握国外市场营销发展的历程
- 了解国外农产品营销现状

【任务学习】

一、国内农产品市场营销发展历程

（一）国内市场营销发展历程

中华人民共和国成立之前，虽针对市场营销学有过一些研究（当时称“销售学”），但也仅限于几所设有商科或管理专业的高等院校。经过几十年的时间，我国对于市场营销学的研究、应用和发展已取得了可喜的成绩。从整个发展过程来看，大致经历了以下几个阶段。

1. 引进时期（1978—1982 年）

在此期间，通过对国外市场营销学著作、杂志和国外学者讲课的内容进行翻译介绍，选派学者、专家到国外访问、考察、学习，邀请外国专家和学者来国内讲学等方式，系统介绍和引进了国外市场营销理论。这一时期的努力为我国市场营销学的进一步发展打下了基础。

2. 传播时期（1983—1985 年）

经过前一时期的努力，全国各地从事市场营销学研究、教学的专家和学者开始意识到，要使市场营销学在中国得到进一步的应用和发展，必须在各地成立市场营销学研究团体，以便相互交流和切磋研究成果，并利用团体的力量扩大市场营销学的影响，推进市场营销学研究的进一步发展。1984 年 1 月，全国高等综合大学、财经院校市场学教学研究会成立。在以后的几年时间里，全国各地各种类型的市场营销学研究团体如雨后春笋般纷纷成立。各团体在做好学术研究和学术交流的同时，还做了大量的传播工作。在此期间，市场营销学在学校教学中也开始受到重视，有关市场营销学的著作、教材、论文在数量上和质量上都有很大的提高。

3. 应用时期（1986—1988 年）

1985 年以后，我国经济体制改革的步伐进一步加快，市场环境的改善为企业应用现代市场营销原理指导经营管理实践提供了有利条件，但各地区、各行业的应用情况又不尽相同。在此期间，多数企业应用市场营销原理时，偏重于分销渠道、促销、市场细分和市场营销调研部分。

4. 扩展时期（1989—1994 年）

在此期间，无论是市场营销教学研究队伍，还是市场营销教学、研究和应用的内容，都有了极大的扩展。全国各地的市场营销学学术团体，改变了过去只有学术界、教育界人士参加的状况，开始吸收企业界人士参加。其研究重点也由过去的单纯教学研究，改为结合企业的市场营销实践进行研究。

5. 国际化时期（1995 年至今）

1995 年 6 月，由中国人民大学、加拿大麦吉尔大学和康克迪亚大学联合举办的第五届市场营销与社会发展国际会议在北京召开。中国高等院校市场学研究会等学术组织作为协办单位，为会议的召开做出了重要的贡献。来自 46 个国家和地区的 135 名外国学者和 142 名国内学者出席了会议。25 名国内学者的论文被收入英文版《第五届市场营销与社会发展国际会议论文集》，6 名中国学者的论文荣获国际优秀论文奖。从此，中国市场营销学者团队开始全方位地登上国际舞台，与国际学术界、企业界的合作进一步加强。

（二）国内农产品市场营销的历史演变历程

1. 农产品运销阶段

19 世纪末 20 世纪初，农产品营销的产生阶段，也是市场营销学产生的阶段。在该阶段，农产品营销渠道主要形式为生产者—消费者的直接销售渠道。许多学者将这个时期的农产品营销学表达为“Marketing of Farm Products”，译为“农产品运销学”。

2. 中间商销售为主阶段

20 世纪 20 年代至 40 年代，由于美国农产品机械化和规模化水平的进一步提高，农产品出现了过剩，形成了农产品买方市场。在该时期许多人把农产品营销等同于农产品推销学。

3. 垂直一体化渠道阶段

20 世纪 50 年代，由于中间商在农产品市场交换中占有主导地位，传统的营销渠道系统中的中间商（渠道成员）处于一种完全竞争、相互排斥状态。该阶段主要形成了以农产品加工（Agrotechny）和农商综合体（Agribusiness）为中心的垂直渠道系统的形式，使农产品营销渠道延伸到生产领域。

4. 以顾客为中心的渠道阶段

20 世纪 60—70 年代，随着经济的发展，消费者的消费需求越来越个性化，农产品营销渠道活动从消费领域开始，形成了以顾客导向为特征的营销观念。农产品渠道的设计以便利顾客和服务顾客为中心，使渠道设计从以生产为中心转变为以顾客需求为中心，使农产品营销渠道延伸到消费领域。

5. 渠道整合阶段

20 世纪 80 年代至 20 世纪末，农产品营销渠道从过去传统的营销渠道系统发展到整合的营销系统。渠道成员间的关系由原来各自追求最大利润为目的的竞争关系整合为在农产品生产、流通、消费等全过程的服务目标统一性的基础上建立起来的渠道成员间的各种合作关系。在西方农业发达国家，特别是美国，农业联合体逐渐成为农产品营销的主体。农业化的发展要求农业中许多部门（如产前、产中、产后的服务机构和加工机构）从农业中分裂出来，形成以农产品生产、流通和消费为中心的综合服务体系。这种综合服务使农产品营销渠道延伸到农产品产前的服务领域和其他辅助的服务领域（如银行、保险、运输、咨询等）。

二、国外农产品市场营销发展历程

（一）国外农产品市场营销的历程

市场营销学于 20 世纪初期产生于美国。百年来，随着社会经济及市场经济的发展，市场营销学发生了根本性的变化，从传统市场营销学演变为现代市场营销学，其应用从营利组织扩展到非营利组织，从国内扩展到国外。美国市场营销学自 20 世纪初诞生以来，其发展经历了几个阶段。

1. 萌芽阶段（1900—1920 年）

这一时期，各主要资本主义国家经过工业革命，生产力迅速提高，城市经济迅猛发展，商品需求量亦迅速增多，出现了供不应求的卖方市场，企业产品价值实现不成问题。

2. 功能研究阶段（1921—1945 年）

这一阶段以营销功能研究为其特点。此阶段的代表人物有克拉克（F. E. Clerk）、韦尔达（L. D. H. Weld）、亚历山大（Alexander）、瑟菲斯（Sarfare）、埃尔德（Ilder）及奥尔德逊（Alderson）。1932 年，克拉克和韦尔达出版的《美国农产品营销》一书，对美国农产品营销进行了全面的论述，指出市场营销的目的是“使产品从种植者那儿顺利地转到使用者手中”。

3. 形成和巩固时期（1946—1955 年）

这一时期的代表人物有范利（Vaile）、格雷特（Grether）、考克斯（Cox）、梅纳德（Maynard）及贝克曼（Beckman）。1952 年，范利、格雷斯和考克斯合作出版的《美国经济中的市场营销》一书，全面地阐述了市场营销如何分配资源、指导资源的使用，尤其是指导稀缺资源的使用。

4. 市场营销管理导向时期（1956—1965 年）

这一时期的代表人物主要有罗・奥尔德逊（Wraoe Alderson）、约翰・霍华德（John A. Howard）及麦卡锡（E. J. MaCarthy）。奥尔德逊在 1957 年出版的《市场营销活动和经济行动》一书中，提出了“功能主义”。霍华德在出版的《市场营销管理：分析和决策》一书中，率先提出从营销管理角度论述市场营销理论和应用，从企业环境与营销策略两者关系来研究营销管理问题，强调企业必须适应外部环境。

5. 协同和发展时期（1966—1980 年）

这一时期，市场营销学逐渐从经济学中独立出来，与管理科学、行为科学、心理学、社会心理学等理论相结合，市场营销学理论更加成熟。

6. 分化和扩展时期（1981 年至今）

这一时期，市场营销领域又出现了大量丰富的新概念，使市场营销这门学科出现了变形和分化的趋势，其应用范围也在不断地扩展。

7. 登尼特市场营销策划服务

登尼特市场营销服务中心专业提供市场调研、营销策划和实施辅导外包服务。市场营销是企业运营的核心，营销的成败决定企业的成败。为了使企业发展得以持续，该中心推出全方位的市场营销服务，尤其是登尼特集团创建的四维立体营销体系，在传统营销概念的基础上，由内容营销、渠道营销、时间营销、空间营销四维有机组合、科学演绎，为企业提供营销咨询、营销培训、营销孵化、营销调研、营销策划、营销实施六个方面的服务，从而有效提升营销效率和结果。

（二）国外农产品营销现状

欧美等国农产品输出国农产品生产高度集中，产品市场化、信息化和科技含量高，因而其营销渠道较短，主要从产地批发市场直接出售给零售商，其特点是：

1. 产地市场集中

如美国农产品生产区域化程度高，形成了玉米、小麦、大豆、蔬菜、水果等生产区域，其农产品产地市场非常集中，在整个销售渠道系统中，产地批发市场与零售商的交易占 98.5%。

2. 销地批发市场辐射城市农产品集散市场

如美国公路、铁路交通发达，农产品常常能够迅速运往大城市车站，这样农产品供应并非集中在大城市郊区，而是在遥远的生产区域，其销地批发市场占农产品总交易量的 20%，但对农产品价格形成具有主导作用。

3. 销售渠道短、环节少、效率高

美国 78.5%的农产品从产地通过配送中心直接到零售商，而车站批发商销量仅占 20%左右。由于渠道环节少和农产品流通速度快、成本低，从而大大提高了效率。

4. 服务性渠道组织齐全

为配合农产品高效流通，产生了许多专门为农产品交易服务的渠道组织，如装卸公司、运输公司、加工和分类配送中心以及银行等。

5. 批发市场内部交易方式主要以拍卖、代理销售为主

以批发市场为基础，形成了农产品期货市场，如芝加哥期货市场等。由于采用公开拍卖、代理销售和期货交易等方式，农产品市场价格充分反映市场的供求变化，使批发市场主导农产品市场价格形成和信息传播机制。

6. 日本等工业发达国家主要为农产品输入国，较多农产品依赖进口

农产品流通渠道复杂，有中央批发市场、地方批发市场、中间商批发市场和零售组织以及供货组织，有定单限量生产、生活协会定单配送等。其渠道特点如下：

（1）渠道环节多，流通成本高。

日本《批发市场法》规定，禁止中间商从事批发业务，使极少数批发商（如株氏

社等）从产地市场进货，绝大多数农产品要经过多级批发市场的交易，因而提高了农产品的流通成本。

（2）渠道流通规范化、法制化、效率高。

尽管流通环节多，但日本批发市场采用拍卖、投标、预售、样品交易，甚至同一产品两家机构同时拍卖，价格形成的过程公开、公正。

【任务训练】

结合本任务阐述国内外市场营销发展现状及特点。

【任务拓展】

中国市场营销的未来发展趋势

趋势 1：商业、品牌、营销、传播的局限被打破，企业顶层设计的价值突显。

趋势 2：传统学说已经显现出一定的局限性，品牌生态学说开始占据主导地位。

趋势 3：单纯的电商以及线下零售发展开始放缓。

趋势 4：营销与数字技术的结合越来越紧密。数字化使营销更智能、更有效、更个性、更持久。

趋势 5：各行各业都在进行消费升级，中高端品牌逐渐占据市场主导地位。

趋势 6：商业模式的创新维度更加多元。

趋势 7：“80 后”“90 后”在各行业的消费中平均占据 70%。

趋势 8：银发产业前景广阔，供需仍未平衡。

趋势 9：营销与新技术结合越来越紧密（AR、VR、机器人等）。

趋势 10：国际化的深度和广度，都在不断拓展与延伸。

任务二　农产品营销发展现状与机遇

【任务描述】

同学们，你们了解什么是“互联网+”吗？在现如今大数据时代，农产品经营者如何把握时代机会，借助现代科学技术开展营销活动？“一带一路”又是什么？它给我国农产品企业带来哪些机遇？通过本任务的学习，我们将了解“互联网+”的含义、特征以及对农产品营销发展趋势的影响。

【任务目标】

- 了解“互联网+”的含义
- 掌握“互联网+”时代下农产品营销的发展状况
- 掌握“互联网+”“一带一路”背景下农产品营销发展的趋势

【任务学习】

一、“互联网+”时代下农产品营销发展状况

引　言

随着互联网与其他传统行业的深度融合，传统行业进行了一次大规模整合，许多如今我们耳熟能详的平台诞生了。

例如：互联网+出租车，出现了滴滴。

互联网+媒体，出现了今日头条。

互联网+银行，出现了支付宝。

互联网+教育，出现了在线教育平台。

互联网+生活服务，出现了美团。

（一）“互联网+”的含义

“互联网+”就是“互联网+各个传统行业”，但此处并不是两者简单地相加，而是利用信息通信技术以及互联网平台，让互联网与传统行业进行深度融合，创造新的发展生态。“互联网+”代表着一种新的经济形态与发展趋势，它是依托互联网信息技术实现互联网与传统产业的联合，以优化生产要素、更新业务体系、重构商业模式等途径来完成经济转型和升级。

（二）“互联网+”的六大特征

一是跨界融合。“+”就是跨界，就是变革，就是开放，就是重塑融合。敢于跨界了，创新的基础就更坚实；融合协同了，群体智能才会实现，从研发到产业化的路径才会更垂直。

二是创新驱动。粗放的资源驱动型增长方式早就难以为继，必须转变到创新驱动发展这条道路上来。这正是互联网的特质，用所谓的互联网思维来求变、自我革命，也更能发挥创新的力量。

三是重塑结构。信息革命、全球化、互联网业已打破了原有的社会结构、经济结构、地缘结构、文化结构。权力、议事规则、话语权在不断发生变化。

四是尊重人性。人性的光辉是推动科技进步、经济增长、社会进步、文化繁荣的

最根本的力量，互联网的强大力量也来源于最大限度地对人性的尊重、对人的体验的敬畏，对人的创造性发挥的重视，例如 UGC 分享经济。

五是开放生态。关于互联网+，生态是非常重要的特征，而生态的本身就是开放的。我们推进“互联网+”，其中一个重要的方向就是要把过去制约创新的环节化解掉，让创业并努力者有机会实现价值。

六是连接一切。连接是有层次的，可连接性是有差异的，连接的价值是相差很大的，但是连接一切是互联网+的目标。

（三）“互联网+”时代下农产品营销发展

“互联网+”时代的来临，为农产品营销带来了新的机遇与挑战。农产品营销是该故步自封，因循守旧，还是该充分利用互联网信息时代的优势，顺应新潮流？答案后者无疑是明确的。所以，我们应该结合当前的新形势，通过互联网信息平台，省却多余的中间环节，努力避免中间商赚差价，直接将质优价廉的农产品清晰地呈现在消费者面前。消费者也可以通过网络平台，对农产品的生产流程、产地环境等有所了解，便于消费者鉴别、挑选最适合自己的农产品。网络平台可以为生产者和销售者搭建一个“双赢”平台，最大限度地实现资源的共享与优化，提高工作效率。这也是我国实现传统农业向现代农业转型的重要手段之一。

1. 当前农产品营销模式中存在的问题

（1）产销信息不对等，且存在一定滞后性。

（2）中间环节过多，导致费用上涨。

（3）农产品标准化水平较低。

2. 实现“互联网+”农产品营销模式的策略分析

（1）开拓“互联网+”模式，实现农业生产的标准化。

农业生产者必须顺应时代的发展，利用“互联网+”信息技术，通过科学化的手段，实现农业生产的标准化、精准化。

（2）利用网络平台，开展多元化的网络直销模式。

为了解决农产品产销信息不对称的现实情况，我们可以充分利用网络平台，开展多元化的网络直销模式。现如今，这种直销的产销模式已经得到了群众的广泛认可。

（3）利用大数据对目标人群进行精准定位。

我们应该利用大数据对目标人群进行精准定位，有的放矢地对目标客户实施营销策略。我们要以市场需求为导向，对消费者的需要进行具体分析，按照消费者的需要合理规划下一年度的生产规模、种类和数量，最大限度地实现农产品资源的整合与共享，将农产品的滞销数量化整为零。

（4）拓宽互联网思维模式，创造现代化农业新模式。

新时代的农产品经营者，一定要紧密结合当前形势，拓宽互联网思维新模式，创造现代化的农业新模式。将“互联网+”技术应用到农业化生产经营当中，是时代发展的必然趋势。只有创新“互联网+”思维，积极引入现代化信息手段，才能够最大限度地实现现代农业的“智能化”“标准化”发展，逐步升级传统农业的产业链，最终发展成为新型的“互联网”农业。

二、“一带一路”背景下农产品发展趋势

（一）一带一路的含义和作用

1.“一带一路”的含义

“一带一路”是“丝绸之路经济带”和“21 世纪海上丝绸之路”的简称。

“一带一路”充分依靠中国与有关国家既有的双多边机制，借助既有的、行之有效的区域合作平台，旨在借用古代丝绸之路的历史符号，高举和平发展的旗帜，积极发展与沿线国家的经济合作伙伴关系，共同打造政治互信、经济融合、文化包容的利益共同体、命运共同体和责任共同体。

“一带一路”贯穿亚欧非大陆，一头是活跃的东亚经济圈，一头是发达的欧洲经济圈，中间广大腹地国家经济发展潜力巨大。“丝绸之路经济带”重点畅通中国经中亚、俄罗斯至欧洲（波罗的海）；中国经中亚、西亚至波斯湾、地中海；中国至东南亚、南亚、印度洋。“21 世纪海上丝绸之路”重点方向是从中国沿海港口过南海到印度洋，延伸至欧洲；从中国沿海港口过南海到南太平洋。

2.“一带一路”的作用

“一带一路”倡议的目标是要建立一个政治互信、经济融合、文化包容的利益共同体、命运共同体和责任共同体，是与包括欧亚大陆在内的世界各国，构建一个互惠互利的利益、命运和责任共同体。

“一带一路”是中国与丝路沿线国家分享优质产能、共商项目投资、共建基础设施、共享合作成果，内容包括道路联通、贸易畅通、货币流通、政策沟通、人心相通等“五通”，肩负着三大使命：探寻经济增长之道；实现全球化再平衡；开创地区新型合作。

（二）“一带一路”背景下农产品发展趋势

1. “一带一路”给农产品市场带来较大的机遇

“一带一路”倡议部署在海丝国家中开展得如火如荼，我们应抓住这次契机着手打

造“一带一路”的重要门户，让农业发展势头更迅猛。同时积极推广农产品贸易，建立更加完善的交通网络，积极融入共建“一带一路”国家市场，努力拓展农产品营销的国际市场。

2. 农业合作进一步加深，将更多的新技术运用于农业

在“一带一路”的大背景下，我国与共建“一带一路”国家的农业合作和交流进一步升级、加强，合作向多方面拓展，由最初的人员培训，扩展到优良品种推广、跨境动植物疫病防控合作等。通过各个层面的资金、技术、基础设施等的合作，推动农产品营销及贸易进一步走向国际化。

3. 农产品生产的规模化进一步加强

我国农产品通过海陆空的交通网络加强与东盟国家、海上丝绸之路国家的国际交流，与国际港口通航进一步加快。我国与共建“一带一路”国家建立港口城市合作网络机制，会加快经济圈的链接和形成。我国与共建“一带一路”国家促进贸易交流与经济合作，会进一步拓展农产品市场，实现农产品竞争中的互补性。

（三）“一带一路”背景下农产品及农业发展的建议

首先是加大农业技术管理人才的培养力度，积极进行农村合作社、农业企业的技术人才、管理人才的深造与培养。通过互联网或技术讲座的形式与农业技术人员交流经验，学习先进的技术，并进行点—线—面的推广。从专业知识、农业技术、互联网等方面培养更多的高中端的农业技术管理人才。同时，多开展高级农业技术人员研发团队经验交流会，提高互联网运用水平，积极建设市、县、乡、村一体化的电商体系。

其次是积极开发特色生态旅游项目，为农产品出口推广做好宣传。如今，在全国各地生态旅游与农业相结合的生态项目已形成良好的发展势头。生态农业与生态旅游项目能够较大地带动农业、农产品贸易的发展。通过农业园林基地自主研发或引进合适的新品种来丰富农产品的多样化和农作物的规模化。

最后是贸易服务便利化水平应大幅度提高。自 2012 年广州南沙率先试行关检合作“三个一”通关模式以来，“三个一”通关模式在全国试点范围逐步扩大。海关与检验检疫部门依托电子口岸平台，推动建立口岸协同执法体系和合作国家检验检疫信息共享系统，以提高优质高效的通关服务及进一步优化通关环境。“三个一”通关模式是合作贸易监管制度的创新，促进口岸一体化通关改革的着力点，将大大提高贸易服务的便利化水平。

【任务训练】

2020 年 4 月 28 日，首趟中欧班列达州专列出发，对当地经济有很大的带动作用。请问“互联网+”及“一带一路”给达州本土农产品企业带来哪些市场机遇？

【任务拓展】

“一带一路”给四川带来更多机会

“未来有机会，我希望再次到四川采访报道。”4 月 13 日，将离开成都，来自土库曼斯坦的哈雷耶娃表达了对四川的不舍。有着同样不舍情绪的，还有来自欧亚地区 10 个国家的 12 名主流媒体记者。

过去 5 天,由中国公共外交协会组织的中国国际新闻交流中心 2019 年项目中国—欧亚中心媒体代表团访问四川。来自俄罗斯、阿塞拜疆等 10 个国家的 13 名主流媒体记者，先后深入成都、绵阳、阿坝、雅安、乐山、眉山等地进行采访报道。

中国—欧亚中心媒体代表团项目为期两个月，主要包括汉语学习、文化体验、国情讲座、走访部委和企业、赴部分省市参观考察以及与中国智库、媒体、高校及民间组织开展合作交流等内容。四川是此次媒体代表团抵达的第一站，在感受巴蜀文化和发展脉搏的过程中，媒体代表团记者纷纷表示:“一带一路”给四川带来了更多合作发展的机会。在雅安茶厂品尝地道的雅安藏茶，让媒体代表团成员们大呼新鲜。不仅如此，实地走访蒙顶山茶史博物馆，也让记者们了解了四川茶文化。在都江堰，白俄罗斯记者巴什凯维奇一直举着手中的摄像器材拍摄这项工程，并赞叹“太神奇了，无法想象一个建于两千多年前的水利工程可以沿用至今”。

资料来源：新华网。

项目二 营销理论学习

任务一 农产品市场营销概述

【任务描述】

如果你是一名农产品市场营销人员，那你必须对农产品市场很了解，对农产品市场营销的知识有自己的理解和看法，包括农产品市场的概念、消费品市场的特点、影响消费者购买行为的主要因素、营销观念的种类以及农产品市场营销的基本知识。只有对农产品市场营销进行系统的学习，才能更好地为农产品经营者选择出最适合本企业的营销观念，为企业创造更多的经济利益。本任务将带领大家熟悉农产品市场营销相关的知识。

【任务目标】

- 了解消费品市场的概念、分类、特点
- 掌握影响消费者购买行为的主要因素
- 掌握消费者购买行为类型及其购买决策过程
- 熟练掌握营销观念的演变及现代营销观念

【任务学习】

一、农产品市场概述

市场是社会分工和商品经济发展的产物，最早是指买主和卖主聚集在一起进行商品或劳务交换的场所，如集市、商场等。狭义的农产品市场，指农产品交易场所，如农贸市场、粮食市场、果品市场和水产品市场等。广义的农产品市场，指农产品交易关系的总和。从产品类别层面划分，农产品市场可分为粮食市场、油料市场、棉花市场、蔬菜市场、肉禽市场、果品市场、水产市场。

农产品市场三要素：交易设施、交易农产品需求与供给、交易人。

（一）农业消费品市场分析

1. 消费品市场的概念

消费品市场是指所有为了满足个人或家庭生活需要而提供商品的市场，又称最终消费市场或生活资料市场，是一切市场的基础。

2. 消费品市场的特征

企业要研究消费品市场，首先要了解消费品市场的几个主要特征：消费品市场人数众多，需求量大；消费品市场需求复杂，呈多样化和多变性的特征；消费品市场商品进出频繁，一次性购买量较小；消费者购买商品大多属于非行家购买；消费品需求存在着时间上的差别；消费品使用存在着配套性和替代性。

3. 影响消费者购买行为的主要因素

（1）消费者年龄。

一般情况下，每个消费者随着年龄的增长，其生理和心理上都会产生明显的变化，在不同的年龄段会产生不同的需求。

（2）职业。

职业对一个人的消费行为的影响较大，而且往往会很持久，甚至影响今后一生在消费方式及选择商品上的偏好和习惯。

（3）经济状况。

消费者的经济状况决定着消费者的实际购买力。

（4）生活方式。

生活方式是通过一个人的日常饮食起居、生活规律、兴趣、观点等方面表现出来的一种生活模式。不同生活方式的消费者对需求会有很大影响。

（5）个性。

个性是指一个人所有的心理特征，它表现为自主性、选择性、适应性等方面。消费者的个性类型与其购买行为具有很大的相关性。

4. 消费者购买过程

（1）消费者购买行为类型。消费者购买行为按照购买的态度和要求的标准分成七种类型，如表 2.1 所示。

（2）消费者购买决策过程。

一般情况，消费者购买决策过程可以分为 5 个阶段：

认知需要→收集信息→评价选择→购买决策→购后评价

表 2.1　消费者购买行为类型

类型	营销对策
习惯型	这类购买者根据以往的经验和使用习惯来进行购买，营销者只需要想办法帮助其实现购买即可
理智型	这类购买者购买的主动性和主观性较强，营销者应尊重其选择，适时加以赞许和肯定，不要过多地参与意见
经济型	这类购买者对商品的价格非常敏感，营销者应强调物品的物美价廉，物有所值，帮助选择适合其心理价位的商品
冲动型	这类购买者容易受外界刺激的影响，情绪容易冲动，营销者应利用商品外观和广告，帮助其认识、挑选实用好看的商品
情感型	这类购买者情感体验深刻，想象力丰富，营销者应营造购买的氛围，以情促销
不定型	这类购买者缺乏商品知识和购买经验，没有固定的偏爱，营销者应热情地给予帮助，认真热情地介绍商品
疑惑型	这类购买者小心、谨慎、疑心大，不会仓促做出决定，营销者应耐心接待，鼓励其大胆购买

（二）农业生产资料市场分析

1. 农业生产资料市场的概念

农业生产资料是指农、林、牧、副、渔五业所需的生产资料的总称，是进行农业生产的物质要素。农业生产资料包括化肥、农机设备、农药、农具、加工设备、仓储设备、电气设备等。农业生产资料的需求量呈明显的季节变化，这是由农业生产的特点决定的。

2. 影响农业生产资料购买行为的主要因素

农业生产资料购买者在制定购买决策时，会受到许多因素的影响。常见的包括环境因素、组织因素、人事因素和个人因素。

二、农产品市场营销概述

（一）市场营销的核心概念

市场营销是指在以顾客需求为中心的思想指导下，企业所进行的有关产品生产、流通和售后服务等与市场有关的一系列经营活动（包括市场调查、预测、构思、设计、产品生产、定价、分销、促销和售后服务等内容），旨在满足市场需求，实现企业的经营目标。

市场营销涉及的核心概念有：欲望、需要和需求，产品，交换和交易，市场营销者。

1. 欲望、需要和需求

欲望是指想要获得某种满足时的心理要求。需要是指欲望没有得到满足时的感受状态。需求是指有能力购买并且愿意购买某项产品（服务）的能力。

2. 产　品

产品是指能够用以满足人类某种需要或欲望的任何东西，包括实体产品（产品）和无形产品（服务）。

3. 交换和交易

交换是指通过提供某种东西作为回报，从别人那里取得所需物的行为。交易是交换活动的基本单元，是由双方之间的价值交换所构成的行为。

4. 市场营销者

市场营销者是指积极主动地从别人那里取得资源并愿意以某种有价之物作为交换的人。可以是卖主，也可以是买主，也可以是买卖双方。

（二）农产品市场营销概念

农产品市场营销指为了满足人们的需求和欲望而实现农产品潜在交换的活动过程。农产品营销是农产品生产者与经营者在农产品从农户到消费者转移过程中，实现个人、社会需求目标的各种产品创造和产品交易的一系列活动。农产品营销的主体是农产品生产和经营的个人和群体。农产品营销活动贯穿于农产品生产、流通、交易的全过程。

三、农产品市场营销观念

（一）市场营销观念的概念

市场营销观念是企业进行生产经营活动的基本指导思想。农产品市场营销观念是指人们认识和处理营销活动的基本看法和态度，其实质在于如何认识和处理经营者的生产、销售与市场需求的关系。

（二）营销观念的演变

在商品经济的不同发展阶段中，市场营销观念也不同。从市场营销观念的演化过程来看大致经历了生产观念、产品观念、销售观念、市场营销观念和社会营销观念等5个阶段。

1. 生产观念

生产观念是指在卖方市场条件下以生产为中心的经营观念。

2. 产品观念

产品观念是指继生产观念之后产生的又一种以生产为导向的营销观念。它强调产品质量而忽视市场需求。

3. 营销观念

营销观念是指在卖方市场向买方市场过渡时期产生的一种以推销为中心的经营观念。

4. 市场营销观念

市场营销观念是指在买方市场下，以顾客需求为中心的经营观念。例如：根据现代城市居民膳食结构的改变和对食品营养安全的要求，一些农业企业推出了名、优、绿色有机农产品等；一些农产品加工企业开始注重绿色新产品的研制。

5. 社会营销观念

社会营销观念是指以社会利益为中心的营销观念。社会营销观念要求营销者必须保持公司利润、消费者需求的满足和公共利益三者之间的平衡。例如：一些有机农产品生产企业，以生态环境保护为出发点，在综合考虑社会和消费者等多方面利益的前提下开展生产经营活动，因而享有较好的声誉，其农产品销售量增加很快，从而获得了很高的利润。

（三）现代营销观念

现代营销观念是营销观念更新的产物，包括顾客导向、整体营销、关系营销、创新营销、绿色营销、大市场营销、网络营销等新营销思维，共同构成了现代营销体系。

1. 顾客导向

它要求企业的市场营销活动要以消费者为中心，树立“顾客第一”的营销观念，把消费者需求作为企业营销工作的出发点和归宿点，把消费者是否满意和满意程度作为衡量企业营销活动的标准。

2. 整体营销

整体营销具有两方面含义：一方面是指企业内部各职能部门及全体员工均以企业整体利益为共同目标，与营销部门协调配合，为争取顾客发挥应有的作用；另一方面是指协调发挥产品、定价、分销、促销等经营策略要素的整体效应，为顾客提供满意的产品和服务，同时注意保持企业所有的营销活动在时间上和空间上的协调一致。

3. 关系营销

营销活动的核心是维持和促进企业与顾客以及其他交易伙伴的关系。

4. 创新营销

创新营销要求商品经营者主动适应现代市场需求多变和竞争激烈的客观环境，在营销活动中不断有所突破、有所创新，以驾驭多变的市场，占有市场经营的主动权。

5. 绿色营销

绿色营销强调企业在营销中要保护地球的生态环境，防止污染环境。

6. 大市场营销

大市场营销指在策略上协调，使用经济、心理、政治和公共关系等手段，以取得各有关方面的合作与支持。

7. 网络营销

网络营销就是利用网络进行的营销活动。

【任务训练】

请同学们收集当地农产品经营企业的信息，分析该企业的营销观念。

【任务拓展】

绿色营销——21世纪的营销主流

工业化浪潮以前所未有的速度和效率为人类创造了巨大的物质财富的同时，也给人类带来了极大的生存威胁，并且这种威胁是以几何级增长的速度不断增强的。人口爆炸、环境污染、资源浪费、生态恶化，人类在追逐物质财富的征途中已经为自己掘下了坟墓。面对有增长（Growth）无发展（Development）的困境，人类不得不重新审视自己的发展历程，寻觅一条新的发展道路。可持续发展（Sustainable Development）是20世纪80年代人们在对全球的环境与发展问题的广泛关注和讨论中提出的一个新的概念，要求人类改变生产和消费方式。对企业来讲，就是要树立绿色营销观念，进行绿色营销。我国的企业界也在绿色浪潮的感召下，纷纷制订绿色营销计划，如家电行业的新飞和海尔都已经在实施绿色工程。上海市目前以各种方式展开绿色营销的商家已占全市的50%以上，从百货商店到连锁超市，从快餐店到宾馆旅店，绿色营销已遍布全城。绿色营销工程由点到面迅速普及，内容也越来越丰富。

任务二　农产品市场环境分析

【任务描述】

2020 年 2 月，突如其来的新冠肺炎疫情，让我们国家的人民经历了不一样的“鼠年”，和同学们一样，大部分农产品经营企业也在 2020 年上半年面临前所未有的挑战。但居家的这一二个月，给互联网平台上的农产品经营者带来机会；人们对健康的要求越来越高，绿色农产品未来市场机会巨大。农产品市场营销环境也在不断发生变化。什么是农产品营销环境？企业开展农产品营销活动会受到哪些因素的影响？通过本任务的学习，我们将了解农产品市场营销环境，并通过所学知识帮助农产品经营者制定合理的应对方案。

【任务目标】

- 掌握农产品宏观市场营销环境
- 掌握农产品微观市场营销环境
- 了解农产品市场营销环境分析

【任务学习】

一、农产品市场营销环境

农产品市场营销环境包括宏观市场营销环境、微观市场营销环境和网络营销环境。

（一）农产品宏观市场营销环境

农产品宏观营销环境是指企业无法直接控制的因素，是通过影响微观环境来影响农产品企业营销能力和效率的一系列巨大的社会力量，包括人口、经济、政治法律、社会文化、自然生态、科学技术等因素。

1. 人口环境

人口是市场的第一要素。人口数量直接决定市场规模和潜在容量，人口环境也对市场格局产生着深刻影响，从而影响着农产品企业的营销活动。农产品企业应重视对人口环境的研究，密切关注人口特性及其发展动向，及时地调整营销策略以适应人口环境的变化。它包括人口数量、人口结构、人口地理分布和人口的增长率分析。

2. 经济环境

经济环境是影响企业营销活动的主要环境因素，它包括收入因素、消费支出、产业结构、经济增长率、货币供应量、银行利率、政府支出等因素，其中收入因素、消费结构对农产品企业营销活动影响较大。经济环境对企业营销活动有更为直接的影响，是企业开展营销活动的基础。具体包括：

（1）消费者收入。

收入因素是构成市场的重要因素，甚至是更为重要的因素。企业必须从市场营销的角度来研究消费者收入，通常从国民生产总值中人均国民收入、个人可支配收入、个人可任意支配收入和家庭收入四个方面进行分析。

（2）消费者支出。

随着消费者收入的变化，消费者支出也会相应发生变化，继而使一个国家或地区的消费结构发生变化。

① 消费结构。

德国统计学家恩斯特·恩格尔于1857年发现了消费者收入变化与支出模式，即消费结构变化之间的规律性。

② 恩格尔系数。

恩格尔所揭示的这种消费结构的变化通常用恩格尔系数来表示：恩格尔系数=食品支出金额÷家庭消费支出总金额。恩格尔系数越小，食品支出所占比重越小，表明生活富裕，生活质量高；恩格尔系数越大，食品支出所占比重越大，表明生活贫困，生活质量低。

（3）消费者储蓄。

消费者的储蓄行为直接制约着市场消费量购买的大小。当收入一定时，如果储蓄增多，现实购买量就减少；反之，如果用于储蓄的收入减少，现实购买量就增加。居民储蓄倾向是由利率、物价等因素变化所致。企业应关注居民储蓄的增减变化，了解居民储蓄的不同动机，制定相应的营销策略，获取更多的商机。

（4）消费者信贷。

消费者信贷，也称信用消费，指消费者凭信用先取得商品的使用权，然后按期归还贷款，完成商品购买的一种方式。随着我国商品经济的日益发达，人们的消费观念大为改变，信贷消费方式在我国逐步流行起来，值得企业去研究。

（5）国家经济发展战略及经济发展状况。

社会经济发展战略和计划为宏观经济管理提供了方向和依据，同时也是微观经济主体在研究本部门、本企业的营销决策时必须考虑的问题。

3. 政治法律环境

政治法律环境是影响企业营销的重要宏观环境因素，包括政治环境和法律环境。政治环境引导着企业营销活动的方向，法律环境则为企业规定经营活动的行为准则。政治与法律相互联系，共同对企业的市场营销活动产生影响和发挥作用。

（1）政治环境。

政治环境是指企业市场营销活动的外部政治形势。一个国家的政局稳定与否，会给企业营销活动带来重大的影响。

（2）法律环境。

法律环境是指国家或地方政府所颁布的各项法规、法令和条例等。它是企业营销活动的准则。企业只有依法进行各种营销活动，才能受到国家法律的有效保护。

4. 社会文化环境

社会文化环境是指在一种社会形态下已经形成价值观念、宗教信仰、风俗习惯、道德规范等的总和。

企业营销对社会文化环境的研究一般从以下方面入手：教育状况分析；宗教信仰分析；价值观念分析；消费习俗分析。

5. 自然生态环境

自然环境是指自然界提供给人类的各种形式的物质资料，如阳光、空气、水、森林、土地等。企业营销对自然环境的研究一般从以下方面入手：自然资源日益短缺分析、环境污染日趋严重分析、政府干预不断加强分析。

6. 科学技术环境

科学技术是社会生产力中最活跃的因素，它影响着人类社会的历史进程和社会生活的方方面面，对企业营销活动的影响更是显而易见。

（二）农产品微观市场营销环境

农产品微观营销环境是指与农产品企业紧密相连、直接影响企业营销能力和效率的各种力量与因素的总和，主要包括供应商、营销中介、消费者、竞争者、社会公众、企业内部环境等。企业自身主要是指企业内部环境。在农产品企业组织内部，以营销机构和营销人员为核心，其他机构和人员构成了企业营销的内部环境因素。微观环境因素对企业的营销活动有着直接的影响，所以又称直接营销环境。

1. 供应商

供应商是指为企业生产提供特定的原材料、辅助材料、设备、能源、劳务、资金等资源的供货单位和个人。供应商对企业营销的影响作用包括：供应的及时性和稳定性；供应的货物价格变化；供货的质量保证。

2. 企业内部

企业开展营销活动要充分考虑到企业内部的环境力量和因素。企业是组织生产和经营的经济单位，是一个系统组织。企业内部一般设立计划、技术、采购、生产、营销、质检、财务、后勤等部门。企业内部各职能部门的工作及其相互之间的协调关系，直接影响企业的整个营销活动。

3. 营销中介

营销中介是指为企业营销活动提供各种服务的企业或部门的总称。营销中介对企业营销的影响直接且重大，其主要功能是帮助企业推广和分销产品。营销中介包括中间商、营销服务机构、物资分销机构、金融机构。

4. 顾　客

顾客是指使用进入消费领域的最终产品或劳务的消费者和生产者，也是企业营销活动的最终目标市场。顾客对企业营销的影响程度远远超过前述的环境因素。顾客包括消费者市场、生产者市场、中间商市场、政府市场、国际市场。上述五类市场的顾客需求各不相同，要求企业以不同的方式提供产品或服务，他们的需求、欲望和偏好直接影响企业营销目标的实现。

5. 社会公众

社会公众是企业营销活动中与企业营销活动发生关系的各种群体的总称。公众对企业的态度，会对其营销活动产生巨大的影响，它既有助于企业树立良好的形象，也可能妨碍企业的形象。社会公众分析的对象包括金融公众、媒介公众、政府公众、社团公众、社区公众、内部公众。

6. 竞争者

竞争是商品经济的必然现象。在商品经济条件下，任何企业在目标市场进行营销活动时，都不可避免地会遇到竞争对手的挑战。

企业竞争对手的状况将直接影响企业营销活动。如竞争对手的营销策略及营销活动的变化就会直接影响企业营销。

一般来说，企业在营销活动中需要对竞争对手了解、分析的情况有：

（1）竞争企业的数量有多少；

（2）竞争企业的规模的大小和能力的强弱；

（3）竞争企业的对竞争产品的依赖程度；

（4）竞争企业所采取的营销策略及其对其他企业策略的反映程度；

（5）竞争企业能够获取优势的特殊材料来源及供应渠道。

（三）农产品网络营销环境

网络营销是以互联网络为媒体，以新的方式、方法和理念实施营销活动，更有效地促成个人和组织交易活动实现的新型农产品营销模式。它是农产品企业整体营销战略的一个重要组成部分。

对网络营销定义的理解，着重要把握以下几个方面：

（1）网络营销是手段而不是目的。

（2）网络营销不是孤立的。

（3）网络营销不只是网上销售。

（4）网络营销不单纯是一种网络技术。

（5）网络营销不等于电子商务。

二、农产品市场营销环境分析

（一）分析市场营销环境的方法

SWOT 分析法是指一种对企业的优势与劣势（内部环境）、机会与威胁（外部环境）进行分析的方法。

1. 机会与威胁（外部环境分析）

企业的外部环境机会是指市场上存在的或潜在的消费需求。同一环境机会对不同的企业产生的效果是不同的，对一些企业可能成为有利的机会，对另外的一些企业可能成为威胁。

2. 优势与劣势（内部环境分析）

能够识别外部环境中机会的同时，还必须拥有利用机会所需的竞争能力。每个企业要定期检查自己的优势与劣势。企业是一个整体，竞争优势的来源具有广泛性。分析企业优势与劣势时，主要用价值链分析法。企业的价值链就是企业所从事的各种活动，包括设计、生产、销售、发运以及支持性活动的集合体。企业应对每项价值活动进行分析，发现存在的优势与劣势以及价值链中的各项活动的关系。

（二）确定各环境因素的重要程度

确定了企业内外部环境因素之后，要对各环境因素进行评估，以确定它们的重要程度。

1. 环境威胁分析

企业对环境分析的目的是适时采取对策以避免不利环境对企业的危害。企业可以通过环境威胁矩阵图（见图 2.1）加以分析。

环境威胁矩阵中的横轴代表“出现威胁的可能性”，纵轴代表“潜在威胁的严重性”。图 2.1 中，Ⅰ是主要威胁，企业必须高度重视；Ⅱ、Ⅲ是次要威胁，企业也不能忽视；Ⅳ需要企业密切观察，观察其有没有向其他区域发展的可能。

2. 市场机会分析

对市场机会的分析可以使企业准确地找到最有潜力和最有可能成功的机会。企业可以通过市场机会矩阵图（见图 2.2）加以分析。

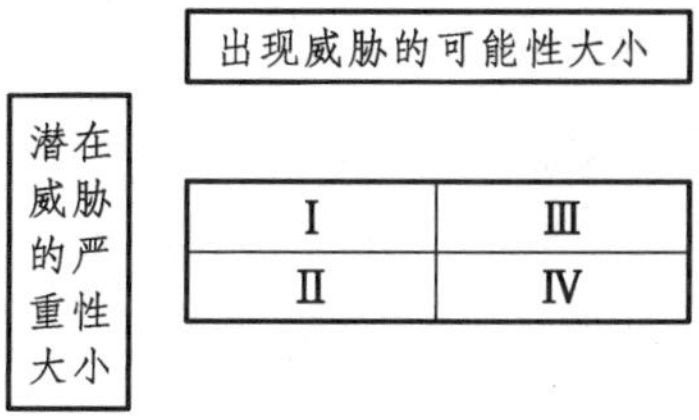

图 2.1　环境威胁矩阵

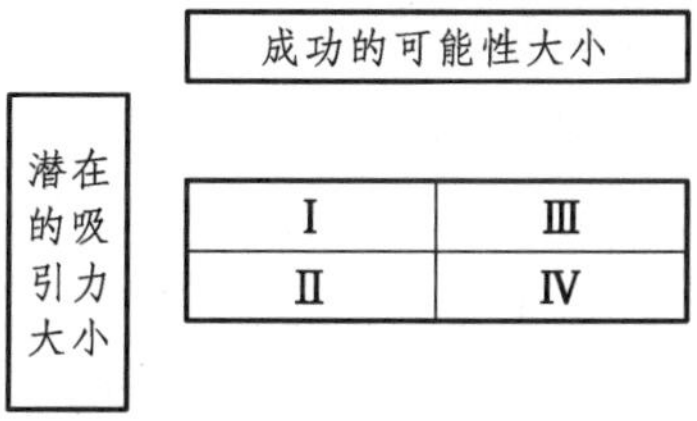

图 2.2　市场机会矩阵

市场机会矩阵的横轴代表“成功的可能性”，纵轴代表“潜在的吸引力”。图 2.2 中，Ⅰ是企业必须重视的，Ⅱ、Ⅲ是企业不能忽视的，企业需要密切观察Ⅳ的发展变化，以便及时采取对策。

3. 威胁—机会综合分析

一般情况下，营销环境都是机会与威胁并存。企业可以通过威胁—机会矩阵（见图 2.3）加以分析。

威胁—机会综合分析的横轴代表“威胁程度”，纵轴代表“机会大小”。根据威胁程度和机会大小的不同划分，形成四种不同类型的业务。Ⅰ是冒险型业务，机会大，威胁水平也高。Ⅱ是困难型业务，机会小，威胁水平高。Ⅲ是理想型业务，机会大，威胁水平低。Ⅳ是成熟型业务，机会小，威胁水平低。

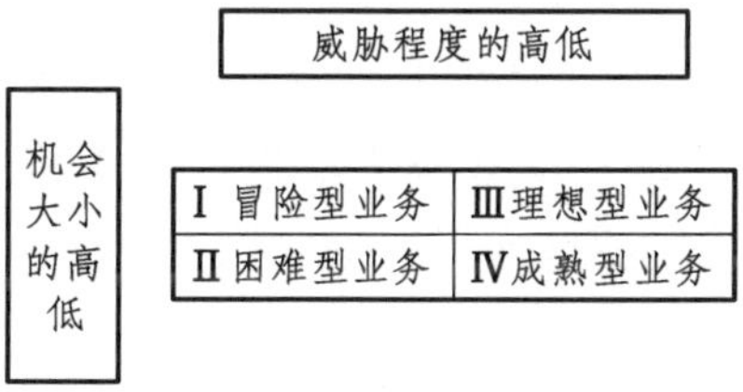

图 2.3　威胁—机会综合分析

（三）环境变化时企业的对策

1. 面对市场机会的营销策略

面对市场机会，企业要慎重，要想到机会是公开的，要关注竞争对手的动向；要想到机会是有时限的，企业应及时做出反应；要想到与机会伴随的风险的大小；要抓住主要机会等。

2. 面对环境威胁的营销策略

面对环境威胁，企业一般可采取如下策略：反抗策略，即企业通过努力尽量限制或扭转环境因素的不利影响；减轻策略，即通过调整市场营销组合来改善企业环境，以减轻环境威胁对企业的影响程度；转移策略，即当企业遇到不可逆转的威胁时，主动地将资金转移到其他有利的行业或市场上去。

3. 面对威胁—机会综合环境的营销策略

对于理想型业务，利益大于风险，企业必须抓住机遇，迅速行动，不可坐失良机；对于冒险型业务，利益与风险并存，企业应全面分析自身的优势与劣势，扬长避短，审慎决策，争取利益。对于成熟型业务，企业可维持常规业务，取得平均利润，同时还要为开展其他业务做好准备；对于困难型业务，必须想法扭转局面，改变环境，或另谋出路，走出困境。

【任务训练】

1. 宏观营销环境因素主要包括哪些？
2. 微观营销环境因素主要包括哪些？
3. 如何理解网络营销定义？
4. 简述营销的三个阶段。

【任务拓展】

2020 年，新冠肺炎疫情暴发。这一年，中国互联网用户数和用户时长的增长也双双触碰到天花板。但新冠肺炎疫情却为中国互联网的发展，带来了一个意外的助推——因为疫情防控过程中，居家是有效的、被鼓励的措施。所以，各线城市的人每天都有足够长的时间（可能超过 10 小时）使用各种互联网、移动互联网产品。由此，中国移动互联网和互联网应用也得到了一次涉及人群极广的下沉。与此同时，疫情使一些专业性强、门槛高的低频高价值应用得到了强制转化，包括在线教育、互联网医疗、远程办公，等等。

由于需要减少大众流动、聚集等活动预防病毒传染，旅游电子商务行业、电影等行业受到较大影响。本次疫情的控制，互联网也起到较大作用，娱乐平台为居家隔离的大众提供丰富的内容，促进线上消费。比如微博、微信的传播及短视频平台下沉，对低线城市人民的宣传起到关键作用。

相较于直播、音乐、文学等数字消费模式，长视频和短视频是最受益的内容板块（腾讯、爱奇艺、字节跳动等），交银国际预测，1 月爱奇艺新增付费会员数可能出现过去十二个月的新高。疫情期间，一些科技推动的新兴行业可能会受益，如前述提到的在线教育、无人配送，以及互联网医疗、远程办公及服务型机器人等。

任务三　农产品市场营销调研与预测

【任务描述】

同学们，假如你是某农产品企业的市场营销人员，让你为该企业制定营销策略，你会盲目制定吗？盲目制定营销策略效果好吗？答案肯定是否定的，企业开展营销活动之前必须先了解消费者的需求和企业的影响环境，这些都要通过市场营销调研和预测才能实现。通过本任务的学习，我们将了解农产品市场营销调研与市场营销预测的基本理论知识，为以后营销实践做准备。

【任务目标】

- 了解市场营销调研的概念、方式与方法
- 掌握市场营销调研的内容
- 了解市场营销预测的方法

【任务学习】

一、农产品市场营销调研

（一）市场调研的概念

市场营销调研（Market Research）是针对企业特定的营销问题，采用科学的研究方法，系统地、客观地收集、整理、分析、解释和沟通有关市场营销各方面的信息，为营销管理者制定、评估和改进营销决策提供依据。

（二）市场营销调研的内容

影响市场变化的因素很多，因而市场调研的内容十分广泛。一般地说，凡是和市场营销有关的因素都应调查。具体而言，市场调研的内容主要包括以下方面：市场需求调研、价格调研、促销调研、分销渠道调研和营销环境调研。

（三）市场营销调研的方式与方法

1. 市场营销调研的方式

市场营销调研的方式是指取得样本的方式，主要包括全面调查、重点调查、典型调查、抽样调查四类。

2. 市场调研的方法

（1）文案调研。

文案调研主要是二手资料的收集、整理和分析，主要的渠道包括网上资料搜索和图书馆书籍信息搜索。

（2）实地调研。

实地调研可分为询问法、观察法和实验法三种。

询问法：调查人员通过各种方式向被调查者发问或征求意见来搜集市场信息的一种方法。

观察法：调查人员在调研现场，直接或通过仪器观察、记录被调查者行为和表情，以获取信息的一种调研方法。

实验法：通过实际的、小规模的营销活动来调查关于某一产品或某项营销措施执行效果等市场信息的方法。

（3）特殊调研。

特殊调查有固定样本、零售店销量、消费者调查组等持续性实地调查，投影法、推测试验法、语义区别法等购买动机调查，CATI 计算机调查等形式。

二、农产品市场营销预测

（一）农产品市场营销预测的含义

农产品市场预测是指运用科学的方法，通过市场调查，对农产品未来销售的市场变化和发展趋势进行判断和推测。这是农业企业制定生产经营决策的依据。

（二）农产品市场营销预测的方法

1. 定性预测法

定性预测法也叫判断分析法或经验判断法，是根据专家个人的经验和知识，凭个人的主观判断来预测今后的发展趋势的方法，它侧重于对市场的性质进行分析。

（1）个人判断法。

个人判断法即预测者个人依据所掌握的市场信息资料，凭借个人经验和专业水平对预测对象的未来状态做出的估计和判断。

（2）集体判断法。

集体判断法即根据企业目标，通过会议形式，召集与预测目标有关联的各方面人员，进行集体分析，得出预测结果。

（3）专家征询法。

专家征询法即以专家为索取信息的对象，根据专家个人的知识、经验和分析判断能力对预测对象进行综合分析，得出预测结果。

2. 定量预测法

定量预测法是根据充足的统计资料，应用数理统计的方法建立数学模型，用以推断经济现象未来数量变化的方法。它主要包括移动平均法和一元线性回归预测法。

移动平均法是将观察期的数据，由远及近按一定的跨越期进行平均，取得平均值，随着观察期的推移，按一定跨越期的观察期数据也相应向前移动，逐一求得移动平均值，并将接近预测期的最后一个移动平均值作为确定预测值的依据。

（1）一次移动平均法。

一次移动平均法是指将观察期的数据由远而近按一定跨越期进行一次移动平均，以最后一个移动平均值为确定预测值的依据的一种预测方法。其计算公式如下：

$$M_t^{(1)}=\frac{x_t+x_{t-1}+\cdots+x_{t-n+1}}{n}$$

式中　$M_t^{(1)}$——第 t 期的移动平均值作为第 $t+1$ 期的预测值；

n——期数；

x_{t-1}——第 $t-1$ 期观察值；

x_{t-n+1}——第 $t-n+1$ 期观察值。

现举例说明如下：

【例】四川某生猪养殖基地 2019 年 5—10 月生猪出栏销售量资料如表 2.2 所示，试用一次移动平均法预测 11 月份的销售量预测值。

表 2.2　某生猪养殖基地销售量预测值计算

月份	实际销售量/头	3 个月移动平均值	4 个月移动平均值
5	100		
6	120		
7	130		
8	80	116	
9	140	110	107
10	160	116	117

解　按公式测算，假设 $n=3$，则 9—11 月的预测值分别为

$$M_8^{(1)}=\frac{80+130+120}{3}=110\text{（头）}$$

$$M_9^{(1)}=\frac{140+80+130}{3}\approx 116\text{（头）}$$

$$M_{10}^{(1)}=\frac{160+140+80}{3}\approx 126\text{（头）}$$

假设 n=4，则 9—11 月的预测值分别为

$$M_8^{(1)}=\frac{80+130+120+100}{4}\approx 107\text{（头）}$$

$$M_9^{(1)}=\frac{140+80+130+120}{4}\approx 117\text{（头）}$$

$$M_{10}^{(1)}=\frac{160+140+80+130}{4}\approx 127\text{（头）}$$

从表 2.2 中可以看出，n 取值不同，预测结果也不同。n 到底取多少为宜，一般可以通过比较误差而定。一次移动平均法只适合预测对象呈水平型发展趋势的情况。如果存在一定的变动趋势，则可选用二次移动平均法。

（2）二次移动平均法。

二次移动平均法是对一次移动平均数进行第二次移动平均，再以一次移动平均值和二次移动平均值为基础建立预测模型，计算预测值的方法。其计算公式如下：

$$a_t=2M_t^{(1)}-M_t^{(2)}$$

$$b_t=\frac{2}{n-1}(M_t^{(1)}-M_t^{(2)})$$

式中　a_t——第 t 项预测直线的截距；

b_t——第 t 项预测直线的斜率；

n——每次移动平均长度，即期数；

t——项数。

$$M_t^{(2)}=\frac{M_t^{(1)}+M_{t-1}^{(1)}+\cdots+M_{t-n+1}^{(1)}}{n}$$

二次移动平均预测值模型为

$$y_{t+T}=a_t+b_tT$$

式中　y_{t+T}——第 $t+T$ 期的预测值；

T——预测期距 t 期间隔数。

仍以上例举例说明，列预测值计算如表 2.3 所示。

表 2.3　某生猪养殖基地销售量预测值计算

月份	实际销售量/头	一次移动平均值	二次移动平均值
5	100		
6	120		
7	130		
8	80		
9	140	110	
10	160	116	114

解　假设 n=3，取 t=10，则

11 月预测值计算分别为

$$M_{10}^{(2)} = \frac{M_t^{(1)} + M_{t-1}^{(1)} + \cdots + M_{t-n+1}^{(1)}}{n} = \frac{116+110+116}{3} = 114 \text{ (头)}$$

$$b_{10} = \frac{2}{n-1}(M_t^{(1)} - M_t^{(2)}) = \frac{2}{3-1}(116-114) = 2$$

$$a_{10} = 2M_t^{(1)} - M_t^{(2)} = 2\times16 - 114 = 118$$

故预测方程为

$$y_{10+T} = 118 + 2T = 118 + 2\times1 = 120 \text{ (头)}$$

（三）市场营销预测的步骤

1. 准备阶段

准备阶段主要工作是确定预测目标，制订预测计划。

2. 占用资料阶段

占用资料阶段主要工作是收集和整理各种与预测有关的资料。

3. 预测阶段

预测阶段主要是选择预测方法，并进行预测。

4. 评价与校验阶段

评价与校验阶段主要工作是对各种预测值进行评价和校验分析预测误差。

5. 确定预测结果阶段

确定预测结果阶段主要工作是确定预测值，提出正式的预测报告。

【任务训练】

1. 常见的农产品市场营销方法有哪些？
2. 根据本任务所学知识分析定性法预测和定量预测法的区别。

【任务拓展】

所谓网络调研，指利用 Internet 技术进行调研的一种方法。它大多应用于企业内部管理、商品行销、广告和业务推广等商业活动中。网络市场调研又称网上调查或在线调查，是指企业利用互联网作为沟通和了解信息的工具，对消费者、竞争者一级整体市场环境等与营销有关的数据系统进行调查分析研究。这些相关的数据包括顾客需要、市场机会、竞争对手、行业潮流、分销渠道以及战略合作伙伴方面的情况。网络市场调研与传统的市场调研相比有着无可比拟的优势，如调研费用低、效率高、调查数据处理方便、不受时间地点的限制。因此，网络市场调研成为网络时代企业进行市场调研的主要手段。

任务四　农产品 STP 战略

【任务描述】

同学们，你们猜猜看是不是任何一个农产品企业都能满足市场上所有消费者的需求？如果满足不了企业该怎么办？是不是一种产品在市场上畅销，所有企业都趋之若鹜？不同企业面临的消费者的需求一般都有差异，如何了解消费者的需求差异并选择适合企业的消费者群，通过市场营销活动满足消费者的需求差异，这些都是本任务我们需要学习的内容，另外我们将知晓农产品 STP 战略，即农产品市场细分、农产品目标市场战略和农产品市场定位。

【任务目标】

- 掌握农产品市场细分概述
- 掌握农产品目标市场战略
- 掌握农产品市场定位

【任务学习】

STP 战略中的 S、T、P 分别代表 Segmenting、Targeting、Positoning，即市场细分、目标市场战略和市场定位。

一、农产品市场细分概述

在企业的经营运作中，农产品市场细分是开展营销活动的基础，企业通过市场细分，可以详细了解不同消费群体需求的满足程度及潜力需求、各子市场竞争者的情况、各子市场的发展前景等，使企业能找到未被满足的市场需求，从而找到目标市场，为企业的产品做好市场定位。

（一）农产品市场细分的概念

农产品市场细分就是根据农产品总体市场中不同购买者在需求特点、购买行为和购买习惯等方面的差异性，把农产品总体市场化分为若干个不同类型的购买者群体的过程。其理论依据主要有两点：第一，消费者对商品需求的差异性。第二，企业可以利用有限的资源进行有效的竞争。

（二）农产品市场细分的意义

农产品市场细分的意义主要体现在四个方面：一是分析市场机会，选择目标市场；二是提高经济效益，提高竞争能力；三是增强市场营销战略的有效性；四是有利于全面满足社会需要。

（三）农产品市场细分的程序

根据国内外市场营销学家的普遍看法，市场营销的一般程序分为七步，又称细分程序七步法，如图 2.4 所示。

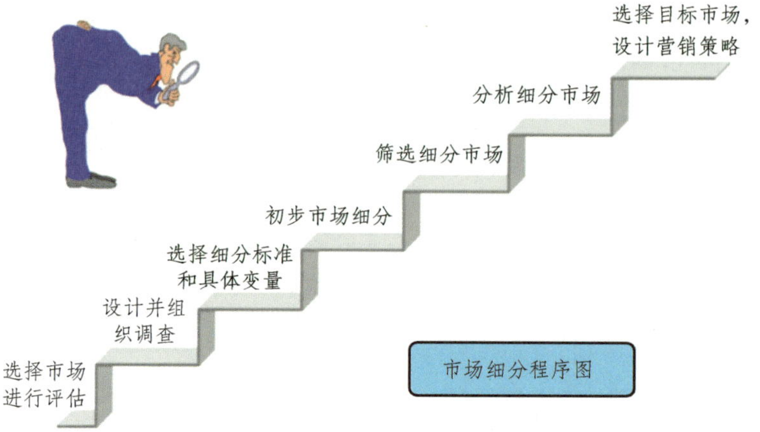

图 2.4　农产品市场细分程序图

（四）农产品市场细分及有效市场细分的条件

1. 市场细分标准

（1）消费者市场细分的标准。

当前农产品难卖是个普遍的现象，这在很大程度上是许多农户、农产品加工企业并没有真正对市场细分所致。有的自认为“细分”了，实际上却分得很粗，比如把蛋类分为鸡蛋、鸭蛋等大类别，把鸡肉加工分为烤鸡、炸鸡等不同加工方法的大类别等，结果导致生产经营趋同化，竞争更加激烈。同样是细分，一只鸡能被内蒙古草原兴发集团开发出 140 余种深加工产品，仅鸡胸肉就有 8 个产品。

农产品市场细分的依据是消费者需求的多样性、差异性。消费者对农产品的需求与偏好主要受地理因素、人口因素、心理因素、购买行为因素等方面的影响，如图 2.5 所示。

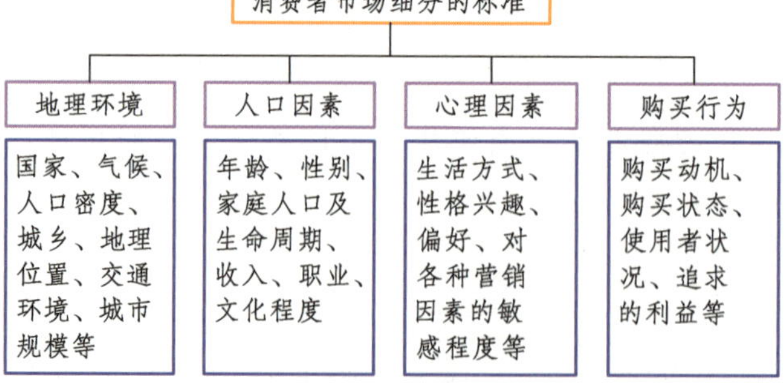

图 2.5　消费者市场细分的标准

① 地理因素。

地理细分是指按照消费者所处的地理位置、自然环境来细分市场，比如根据国家、地区、城市规模、气候、人口密度、地形地貌等方面的差异将整体市场分为不同的子市场。

② 人口因素。

人口细分是指以人口统计变量，比如以年龄、性别、家庭规模、家庭生命周期、收入、职业、教育程度、宗教、种族、国籍等为基础细分市场。

③ 心理因素。

心理因素是指消费者的心理特征，包括生活方式、性格、兴趣、偏好、对各种营销要素的敏感程度等。有些老年人买菜专挑便宜的买，是出于求廉动机；有些年轻人买菜专买自己没有吃过的特色菜，是出于好奇动机。

④ 购买行为因素。

行为细分是根据购买者对产品的了解程度、态度、使用情况及反应等将他们划分成不同的群体。根据顾客是否使用和使用程度细分市场，购买者通常可分为：经常购买者、首次购买者、潜在购买者和非购买者。根据消费者使用某一产品的数量大小细分市场，通常可分为重度使用者、中度使用者和轻度使用者。例如根据人们偏好不同，把猪肉分割为瘦肉、排骨、肥肉和猪皮；把鸭子的舌头、翅膀、脚板、鸭肠、鸭肝等分割开来，加工成特色产品；把鱼也按需分割为鱼头、鱼身、鱼尾、鱼子、鱼肚等产品上市。

（2）生产者市场细分的标准。

消费者市场细分的标准，除人口因素、心理因素中的一些具体变量外，大部分可以用到生产者市场，用作生产者市场细分的依据。生产者市场细分的标准主要有以下三种，包括用户规模、用户地点、用户要求，如图 2.6 所示。

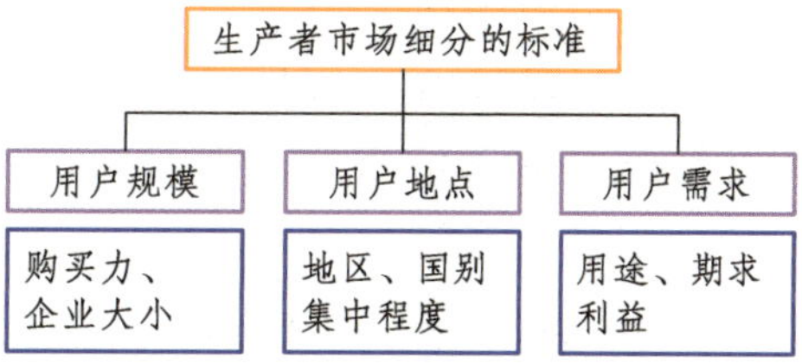

图 2.6　生产者市场细分的标准

2. 有效市场细分的条件

企业采用市场细分时，要注意市场细分的实用性和实效性。企业细分市场时，要遵循一定的条件，包括可衡量性、实效性、可进入性、反应差异，如图 2.7 所示。

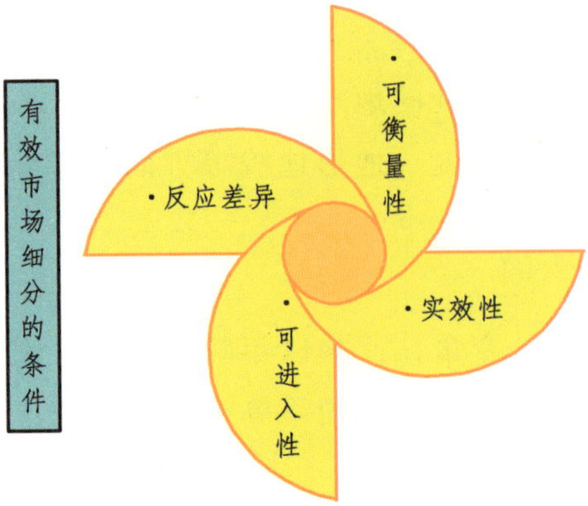

图 2.7　有效市场细分的条件

3. 市场细分要注意的问题

市场细分要注意以下问题：

（1）市场细分有可能增大生产成本和推销费用；

（2）有些市场不必细分；

（3）避免“多数谬误”；

（4）抵不住外围市场一时走俏的诱惑；

（5）对已确定的目标市场缺乏精细的了解；

（6）对目标市场的变化没有足够的把握。

二、农产品目标市场战略

（一）目标市场的确定

1. 目标市场的概念

所谓目标市场，就是企业营销活动所要满足的市场，即企业为实现预期目标而要进入的市场，也即企业有针对性地选择一定的消费者群，为实现预期目的，有重点地投入经营资源，开展市场营销活动的市场。企业要进入的目标市场，一般应具备以下条件：

（1）该市场具有一定的规模和发展潜力，确有尚未满足的需求和购买力。

（2）该市场符合企业的目标和资源条件，本企业具有开拓该市场的能力。

（3）本企业在该市场具有竞争优势，竞争对手较少，且尚未完全控制市场。

2. 企业占领目标市场的方式

运用市场细分战略选择目标市场时，企业占领目标市场的方式有五种，如图 2.8 所示。

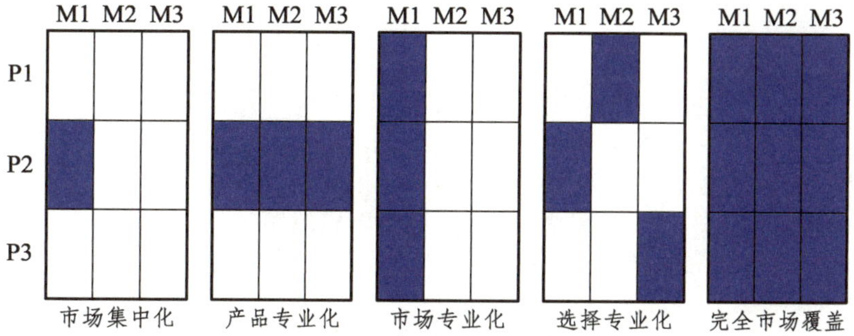

图 2.8 企业占领目标市场的方式

（1）市场集中化。

企业的目标市场集中于一个细分市场，企业只生产一种产品，只供应一个顾客群。一般小型企业常采用这种策略。

（2）产品专业化。

企业向各个顾客群同时供应一种产品。

（3）市场专业化。

企业向同一顾客群供应不同性能的同类产品。

（4）选择性专业化。

企业为不同的顾客群提供不同性能的同类产品。

（5）完全市场覆盖。

企业进入每一个细分市场，为所有顾客群提供所需要的性能不同的系列产品。这一般是大企业才能采取的策略。

（二）目标市场营销战略

企业选择涵盖市场的方式不同，营销战略也就不一样。归纳起来，有三种不同的目标市场营销战略可供企业选择：无差异营销、差异性营销和集中性营销。

1. 无差异营销

无差异营销就是把整体市场作为企业的目标市场。其着眼点是顾客的共同需要，不考虑需要的差异，并以一种市场营销组合方案，推出一种或几种产品去吸引和满足所有的顾客。除适用于同质市场的产品开发外，无差异营销策略主要适用于有广泛需求的，能够大量生产、大量销售的产品。比如，原来人们对鸡蛋的需求没有什么特别之处，但随着生活水平的提高，人们越来越注重营养，这就对大批量的传统鸡场产出的鸡蛋提出了挑战。可见，无差异营销战略对某些农产品的生产经营者和消费者都可能产生不同格局，如图 2.9 所示。

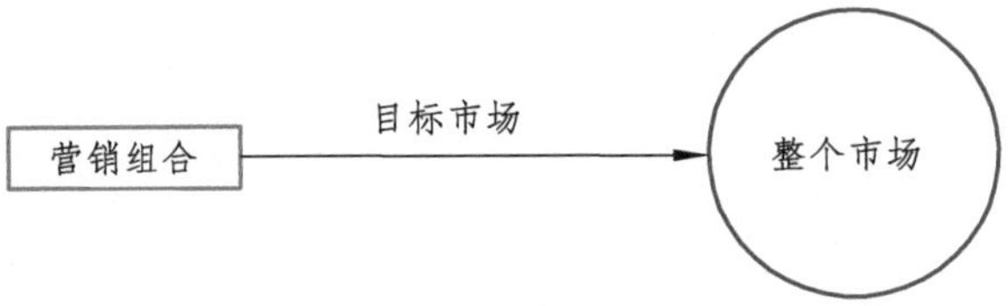

图 2.9　无差异性营销战略

2. 差异性营销

差异性营销是指企业把产品的整体市场划分为若干细分市场，选择两个以上乃至全部细分市场作为目标市场，按照不同子市场的不同需求，分别制定不同的市场营销组合，分别开展不同的市场营销活动，如图 2.10 所示。

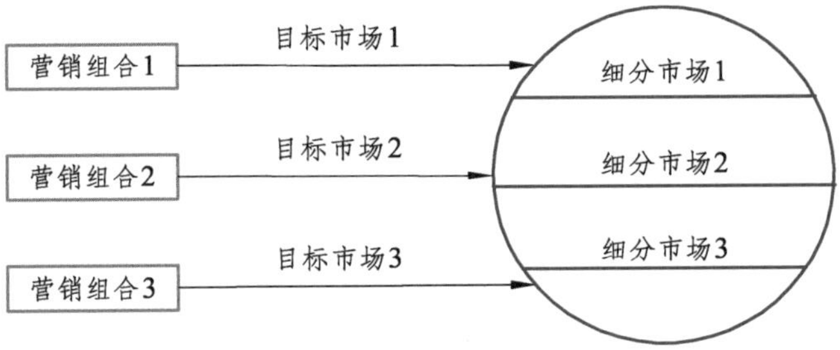

图 2.10　差异性营销战略

3. 集中性营销

集中性营销是指企业集中所有力量，进入一个细分市场（或是对该市场进一步细分后的几个更小的市场部分），力图在这些子市场中占有较大的市场份额。

现在一些农户或小企业把所有资源和资金用于搞专业种植（养殖），就是集中性营销战略的体现。开发生产有特色的绿色农产品并进行集中性营销是有特定的市场基础的，如图 2.11 所示。

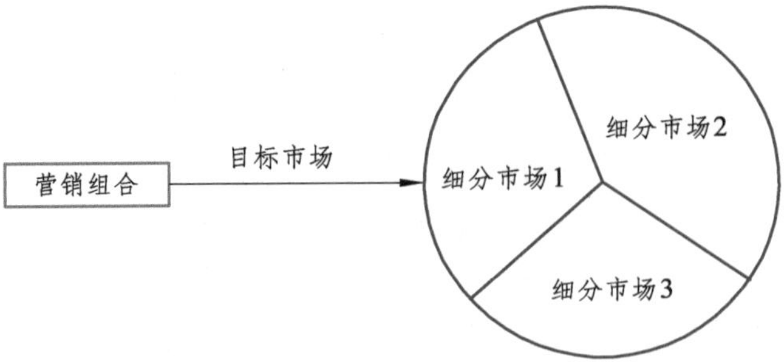

图 2.11　集中性营销战略

（三）选择目标市场营销策略应考虑的因素

一个企业无论采用上述哪一种目标市场策略，都要考虑多方面的因素。主要考虑的因素有以下几点：

（1）企业状况。

（2）产品特点。

（3）市场特点。

（4）产品生命周期。

（5）竞争者的策略。

三、农产品市场定位

（一）农产品市场定位的含义

农产品市场定位是对农产品所施行的市场定位行为，指农业经营者根据竞争者现有产品在市场上所处的位置，针对消费者对该产品某种特征或属性的重视程度，有力地塑造本企业产品与众不同的鲜明的个性或形象，并把这种形象生动地传递给顾客，从而确定该产品在市场中的适当位置。

（二）农产品市场定位策略

市场定位策略是一种竞争策略，它显示了一种产品与其他企业同类产品或企业之间的竞争关系，即农户在生产经营活动中要根据各目标市场的情况，结合自己的条件确定竞争原则。市场定位策略主要有四种：避强定位、迎头定位、重新定位、寻找市场定位。

1. 避强定位

避强定位是一种避开强有力的竞争对手的市场定位，即经营者在意识到自己无力与同行业有实力的竞争对手抗衡时，可根据自己的条件选择相对优势来竞争。例如，有的经营蔬菜的农户既缺乏进入超级市场的批量和资金，又缺乏运输能力，就利用区域集市，或者与企事业伙食单位联系，甚至走街串巷，避开大市场的竞争，将蔬菜销售给不能经常到市场购买的消费者。

2. 迎头定位

迎头定位是一种与在市场上占据支配地位的——最强的竞争对手“对着干”的定位方式，即把经营产品定在与竞争者相似的位置上，同竞争者争夺同一细分市场。例如，有些农户在市场上看别人经营什么，自己也选择经营什么。

3. 重新定位

重新定位通常是指对销路少、市场反应差的产品，或是产品本身很好，但为了进一步扩大市场占有率，能有效地与竞争对手相抗衡进行的二次定位。

4. 寻找市场定位

寻找市场定位指寻找为许多消费者所重视的和未被占领市场的定位。例如，有的农户发现在肉鸡销售中大企业占有优势，自己就选择经营饲养“农家鸡”，并采取活鸡现场屠宰销售的方式，填补大企业不能经营的这一“空白”。

（三）市场定位的方式

市场定位的方式主要有七种：特色定位、功效定位、质量定位、利益定位、使用者定位、竞争定位、价格定位。

1. 特色定位

特色定位是从企业和产品的特色加以定位。

2. 功效定位

功效定位是从产品功效加以定位。

3. 质量定位

质量定位是从产品的质量加以定位。

4. 利益定位

利益定位是从顾客获得的主要利益加以定位。

5. 使用者定位

使用者定位是根据使用者的不同加以定位。

6. 竞争定位

竞争定位是根据企业所处的竞争位置和竞争态势加以定位。

7. 价格定位

价格定位是根据产品的价格加以定位。

（四）市场定位的步骤

1. 调查研究影响定位的因素

（1）目标消费者对产品的评价标准。

企业进行市场定位时，首先要了解消费者的最大偏好和愿望，以及对产品优劣的评价标准，以此作为定位决策的依据。

（2）竞争对手的定位情况。

竞争对手的定位情况包括竞争对手提供的产品、其产品在消费者心目中的形象、营销策略及效果、其产品成本和经营情况。

（3）自己在目标市场潜在的竞争优势。

竞争优势有两种基本类型：一是价格低；二是提供更多的特色。企业要准确把握自己在目标市场潜在的竞争优势，然后选择采取何种竞争优势。

2. 选择竞争优势和定位策略

企业通过与竞争者在产品、特色、功效、质量、价格、成本等方面的分析比较，了解自己的优势与劣势，确定自己的竞争优势，从而确定自己的定位策略。

3. 确定定位方案

（1）初步确定定位方案。

以产品为特征画出目标市场的现状图，根据目标市场的现状图直观了解市场状况，把企业放到现状图不同的位置，就是不同的定位方案。

（2）修正定位方案。

为了确保定位成功，企业应在定位市场上进行调查和试销活动，如发现偏差，应马上纠正。

（3）重新定位。

市场定位确定以后，应随时注意目标市场的变化，根据实际需要进行重新定位。促使企业重新定位的因素有三个：消费者的需求发生了变化；竞争者发生了变化；企业自身发生了变化。

4. 准确地传播企业的定位观念

企业做出市场定位决策后，必须大力开展广告宣传，把企业的市场定位准确地传递给消费者，避免因宣传不当造成定位不足、定位混乱、定位狭窄、定位过度等问题。

【任务训练】

试着对当地青脆李市场进行市场细分，选择目标市场，进行市场定位。深入当地经营青脆李的产业园进行调查，分析产业园是如何进行市场细分、选择目标市场和进行市场定位的。

【任务拓展】

四川雅安市雨城区草坝镇某农户，在具体细分雅安市民对鸡的需求的基础上，避开了大众性消费群体，选择了特定性消费群体（即追求营养品质型消费的群体）为目标市场，专门生产放养的、不喂饲料添加剂的土乌骨鸡，结果是他生产的绿色无公害的乌骨鸡供不应求。随着生活水平的进一步提高，消费者开始关注食品安全和自身健康，绿色食品成为部分消费者的首要选择。当前所倡导的开发和发展具有生态性、科学性和安全性的绿色农产品，就是为了满足人们崇尚自然、返璞归真的消费心理，其实质也是满足人们消费心理的理性升华的需要。

任务五　农产品市场营销 4P's 策略

【任务描述】

同学们，你的家乡有哪些特色农产品？假如让你运用你所学的相关营销知识把这些农产品销售出去，你会怎么做？你有没有观察过农贸市场、超市蔬菜、水果货架区的很多商品的标价都为 1.69 元、2.69 元，这些企业为什么要这样标价呢？其实这是它们制定价格策略之中的一种策略。这些都属于本任务中农产品企业市场营销组合中四个基本策略，即产品策略、定价策略、分销渠道策略、促销策略。通过本任务学习，我们将熟练掌握农产品市场营销组合策略（即 4P's 策略），从而达到企业营销的目的。

【任务目标】

- 掌握农产品产品策略
- 掌握农产品定价策略
- 了解农产品分销渠道策略
- 掌握农产品促销策略

【任务学习】

现代农产品经营企业在开展营销活动过程中应从产品策略、定价策略、分销渠道策略、促销策略四个方面去实施企业的营销战略，达到整体营销的目的。

一、农产品产品策略

（一）农产品组合策略

1. 农产品概念

农产品（Farm Produce）是农业中生产的物品，如高粱、稻子、花生、玉米、小麦以及各个地区的土特产等。国家规定，初级农产品是指农业活动中获得的植物、动物及其产品，不包括经过加工的各类产品。除上述农产品外，现代农产品还包括农家乐、农业观光园、农村亲子乐园等产品。

2. 农产品整体概念的三个层次

农产品整体概念可以分解为三个层次，如图 2.12 所示。

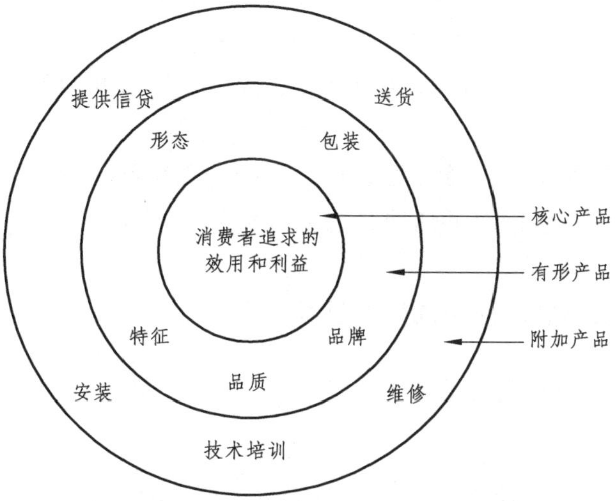

图 2.12　农产品整体概念的三个层次

3. 农产品组合的有关概念与产品组合策略

（1）农产品组合的有关概念。

农产品组合是指农产品企业生产销售多种农产品时，各种不同类型产品之间质的组合和量的比例，也就是经营范围和结构。产品组合包括四个因素：产品项目、产品线宽度、产品线深度和相容度。举例如表 2.4 所示。

表 2.4　云南 CT 有限公司产品组合

	产品线深度						
产品线深度	豆类	叶菜类	根茎类	瓜果类	花菜类	食用菌类	辣椒类
	四季豆	薄荷	白萝卜	黄瓜	宝塔花	香菇	彩椒
	荷兰豆	生菜	土豆	西红柿	菜花	平菇	红椒
	甜豆	白菜	甜玉米	冬瓜	西兰花	平菇	青椒
		西芹	生姜	南瓜		金针菇	小米辣
		韭菜	山药	翠玉瓜		海鲜菇	
			大蒜	丝瓜			
			小香葱				
			鱼腥草				
			小芋头				

（2）产品组合策略。

企业在调整产品组合时，根据实际情况的不同，可以选择以下策略。

① 扩大产品组合。

扩大产品组合包括扩大产品组合的宽度和增加产品组合的深度。如某农产品加工企业原是生产加工肉类产品，而后随着经营规模的扩大，增加了加工果脯类产品。

② 缩减产品组合。

缩减产品组合包括缩减产品组合的宽度、深度，实行相对集中经营。

③ 产品线延伸。

产品线指将产品线拉长，增加所经营的品种的档次和范围，全部或部分地改变原有产品的市场定位。它包括向下延伸、向上延伸和双向延伸。

④ 产品线现代化。

强调把现代化科学技术应用到生产过程中去。

（二）农产品生命周期策略

1. 农产品生命周期

农产品生命周期是指产品从进入市场到最后被淘汰的全过程。农产品生命周期是农产品的市场寿命，即一种新产品从开始进入市场到被市场淘汰的整个过程。就农产品而言，都要经历一个产品生命周期，一般分为四个阶段：投入期、成长期、成熟期和衰退期，如图 2.13 所示。

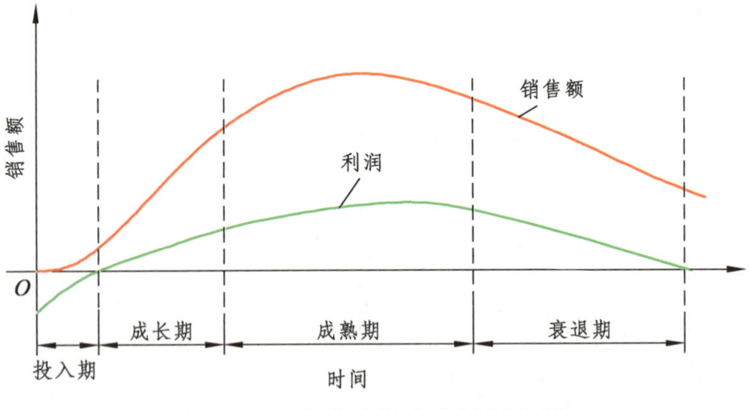

图 2.13 企业产品生命周期曲线

2. 讨论农产品生命周期应注意的问题

（1）农产品生命周期和农产品使用寿命是两个完全不同的概念。

产品使用寿命是指产品的自然寿命，产品生命周期是指产品的市场寿命。

（2）农产品生命周期是针对某产品线的产品项目而言的，是这一产品项目的市场寿命，而不是整条产品线的市场寿命。

（3）农产品生命周期曲线是一条理论曲线。

特殊的产品生命周期包括风格型产品生命周期、时尚型产品生命周期、热潮型产品生命周期、扇贝形产品生命周期四种特殊的类型，它们的产品生命周期曲线并非通常的 S 型。以上四种特殊的产品生命周期如图 2.14 所示。

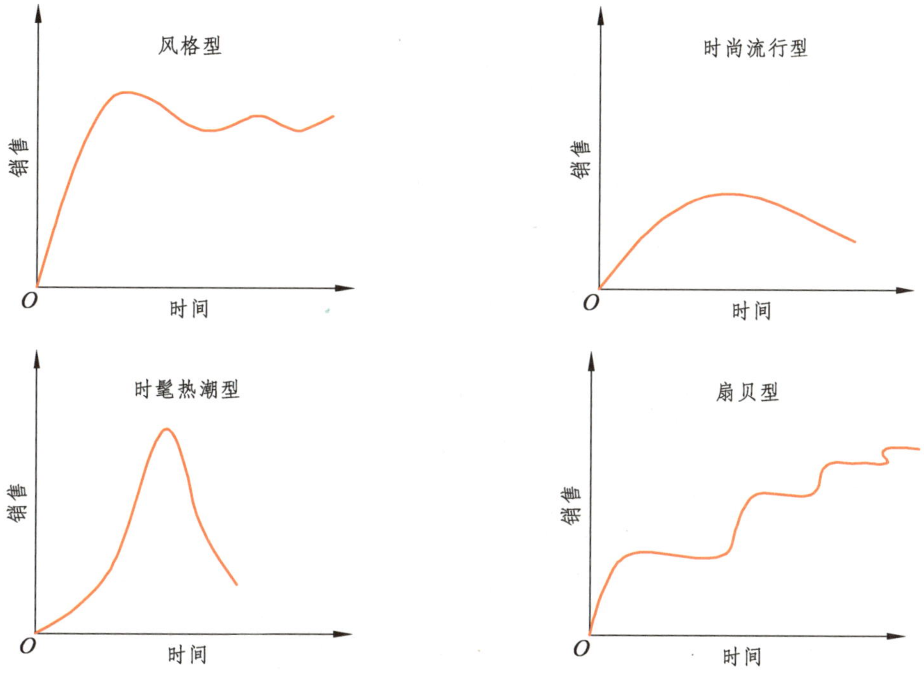

图 2.14　特殊的产品生命周期

（4）理想的农产品生命周期形态。

理想的农产品生命周期形态表现为：产品投入期短，企业研制开发成本较低；成长期发展迅速，新产品销售额和利润迅速增长，很快进入高峰，产品在进入市场不久就可以获得最大的收入；成熟期长，延长公司的获利时间和利润；衰退期非常慢，这意味着销售额和利润额缓慢下降，不是突然跌落。如图 2.15 所示。

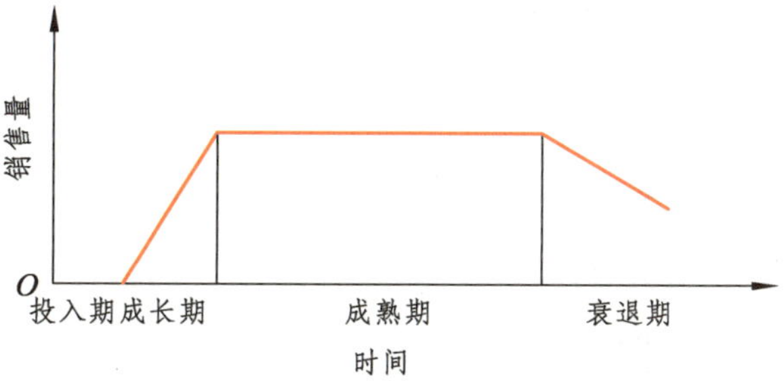

图 2.15　理想的产品生命周期形态

不理想的农产品生命周期形态表现为：产品研制开发时间长，费用高、成本高；投入期、成长期时间长，成熟期短，市场衰退快。如图 2.16 所示。

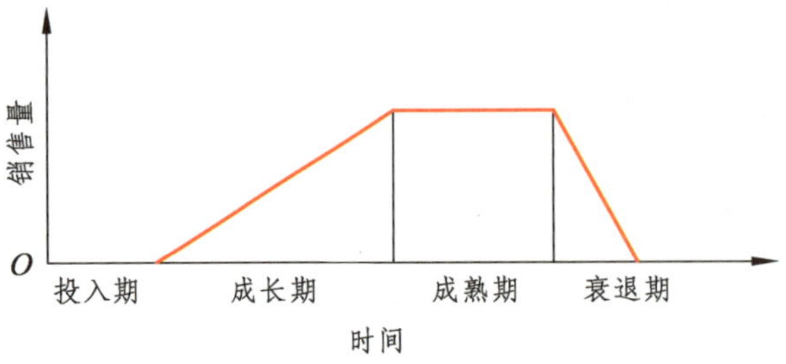

图 2.16　不理想的产品生命周期形态

3. 农产品生命周期各阶段的特点及营销策略

（1）投入期的特点及营销策略。

投入期是指新农产品首次上市的最初销售时期。这个时期的特点是：

① 消费者对新产品持怀疑和观望态度。

② 销售量小，单位成本高，价格高，利润小，甚至出现经营亏损。

③ 渠道不理想，新产品各方面不够完善。

④ 广告费用和其他营销费用开支较大。

⑤ 竞争者少。

作为人们日常生活的直接参与者与一分子，有机健康的农产品成为市场宠儿，田间红红绿绿的蔬菜瓜果被直接送上了人们的餐桌。农产品在投入期发展比较缓慢，生产批量小，制造成本高，营销费用高，如何让市民们更加放心地选择您的农产品，在农产品的初期阶段应该做好产品培育基地的配套设施及品质控制。

投入期的市场营销策略，就价格和促销两个因素考虑，可以组合成以下四种策略，如图 2.17 所示。

	促销费用高	促销费用低
价格高	双高策略 （快速掠取策略）	选择性渗透策略
价格低	密集性渗透策略	双低策略 （缓慢渗透策略）

图 2.17　价格和促销费用综合策略

（2）成长期的特点及营销策略。

成长期是指消费者对产品已经熟悉、了解，许多消费者开始购买产品，产品销量增长很快的阶段。成长期的特点包括：

① 大多数消费者接受了产品，产品销售量快速增长，产品畅销。

② 成本降低，有丰厚的利润机会。

③ 市场竞争加剧。

④ 建立了比较理想的营销渠道。

⑤ 促销费用占销售额的比率下降，利润将逐步达到高峰。

从农产品本身来说，好的农产品可以让营销更胜一筹。比如给农产品进行品牌包装，让农产品产生附加值，让农产品拟人化，给品牌讲故事，设计清新或绚丽的农产品外包装，这些都可以提高农产品对外的形象认知度与传播速度，例如西红柿是我们的健康好伙伴，土豆是艺术创作家的生活好友等。

成长期营销策略的重点应是保持并扩大自己的市场份额，加速销售额的上升，具体可采取如下方法：

① 提高产品质量，增加产品品种，扩大产品用途。企业根据市场需求对产品各方面进行改进。

② 选择适当的时机调整价格，比原价有所降低，以吸引更多的消费者。

③ 完善分销系统，向经销商提供强有力的促销支持，积极开发新的渠道和市场，扩大产品销售。

④ 加强促销，宣传产品性能、品牌，树立强有力的产品形象。促销重点是增强消费者对产品的信任感，强化品牌认知，建立品牌偏好。

（3）成熟期的特点及营销策略。

成熟期是指产品市场销售量大很大，但增长速度明显放慢并开始下降的阶段。成熟期的特点包括：

① 成长中的成熟期。各销售渠道基本饱和，利润率开始下降，但还不明显，还有部分消费者继续进入市场，其中部分消费者属于重复购买。

② 稳定中的成熟期。市场饱和，消费水平平稳，销售增长率停止增长并开始下降

③ 衰退中的成熟期。销售额显著下降，消费者的注意力开始转向其他产品和替代品。

全行业竞争进一步加剧，一些竞争力差的企业将渐渐退出市场，新加入的竞争者也很少。企业常采用低价格、高促销费用的策略，利润额下降。

成熟期营销策略的营销重点是延长产品生命周期，确保市场占有率，以维持大量销售，获得尽量多的利润。可采取如下方法：

① 产品组合策略调整。从广度和深度上进一步开拓新市场、寻求新用户，争取竞争对手的顾客，进入新的细分市场。

② 产品调整。提高产品质量；改变产品特性和款式；为顾客提供新的服务等。

③ 营销组合调整。采取改变价格、改变销售渠道、改进包装、加强服务、改进广告等促销手段。

（4）衰退期的特点及营销策略。

衰退期是一个产品已经陈旧老化、销量下降速度很快的阶段。衰退期的特点包括：

① 顾客注意力转移，销量急剧下降，利润也迅速下降，甚至出现亏损。

② 价格水平很低，销量小，成本高，企业无利可图，被迫退出市场。竞争者数量大大减少。

③ 企业减少生产规模，控制产量。

衰退期营销策略的营销重点是认真研究产品在市场中的真实地位，然后决定是继续经营下去，还是放弃经营。可采取如下方法：

① 缩减产品组合策略。缩短产品组合，把企业的人力、物力、财力集中用在最有利的细分市场，最有效的销售渠道和最易销售的品种、款式上。

② 降低促销费用策略。大幅度削减推销、广告费用。

③ 保本策略。继续降价以求保本。

④ 撤退策略。放弃经营某种产品以撤出目标市场。营销的重点应抓好一个“转”字，即转向新产品的生产和经营。

综上，产品生命周期不同阶段的特点、营销策略如表 2.5 所示。

表 2.5　产品生命周期特点、营销策略

	项目	四阶段			
		投入期	成长期	成熟期	衰退期
特点	销售量	低	快速增长	缓慢变化	下降
	成本	高	降低	最低并回升	回升
	利润	少或亏损	顶峰	缓慢下降	低
	顾客	创新者	市场大众	市场大众	保守者
	竞争者	少	加剧	激烈	减少
	生产	实验性	批量	改进性批量	收缩
营销策略	市场策略	市场扩张	市场渗透	市场防御	市场退缩
	产品策略	基本的	改进的	多变的	合理的
	价格策略	高价	降低	最低	最低或上升
	渠道策略	选择性的	扩大	多种	选择性的
	促销策略	费用高，提高产品认知率	费用较高，注重培养品牌偏好	费用降低，加强服务	费用低，保住忠实消费
	综合策略	准	优	改	转

（三）新农产品开发策略

1. 新农产品的概念

市场营销学中，所谓“新产品”的概念不是从纯技术角度理解的。所谓“新农产品”，指在技术、结构、性能、功能等方面比原有农产品有明显提高或改进的产品。

2. 新农产品的类型

按照新农产品的创新与改进程度不同，新农产品可以分为四种类型。

（1）全新农产品：采用新技术、新材料、新工艺，运用新原理制造的前所未有的农产品，是科学技术用于生产而取得的新成果。如我国成功地开发了沙棘资源，新西兰成功开发利用了野生猕猴桃资源，或许未来在人类对基因技术完全掌握后，能人工创新物种，从而产生全新农产品。

（2）换代新农产品：或称革新产品，是指为适合新用、新需求，在原有产品基础上部分采用新技术、新材料，其性能、特征有显著变化，适合新用途、新需要的产品。例如野生水稻变成杂交水稻等。

（3）改进新农产品：对原有的农产品进行某些改进，通过育种等手段可改变农作物性状，进而改变农产品品质。例如新疆彩棉、高油大豆（转基因大豆），苹果富士品种换代为红富士，再换代为宫崎短枝等。

（4）地域性新农产品：某些农产品在某一个市场、地区或国家属于老产品，但对于另一个市场、地区或国家来说是新产品；对于一个企业是老产品，但对于另一个企业可能就是新产品。例如我国从国外引进的樱桃番茄、五彩甜椒等。

（四）农产品品牌策略

1. 品牌的概念

（1）品牌。

品牌是用来识别不同的产品或服务，并使之与竞争对手的产品或服务区别开来的文字、符号、标记、图案和颜色等要素或它们的组合构成。品牌是一个综合体，包括品牌名称和品牌标志。

（2）商标。

商标是品牌的一部分。品牌或品牌的一部分经过必要的法律注册程序后，即成商标。商标是一种法律概念，而品牌是市场概念。

（3）品牌化。

品牌化是指企业为其产品规定的品牌名称、品牌标志并向政府有关部门注册登记的一切业务活动。

2. 品牌在市场营销中的作用

（1）品牌对于营销企业的作用。

① 品牌有助于促进产品销售，树立企业形象。

② 品牌有利于保护品牌所有者的合法权益。

③ 品牌有助于减少价格弹性。

④ 品牌有助于扩大产品组合。

⑤ 品牌有利于企业实施市场细分策略。

⑥ 品牌有助于约束企业的不良行为。

（2）品牌对于消费者的作用。

① 品牌便于消费者辨认、识别所需产品，有助于消费者选购商品。

② 品牌有利于维护消费者利益。

③ 品牌有利于促进产品改良，有益于消费者。

3. 品牌的种类

（1）按品牌的完整性划分：① 完全品牌；② 品名品牌；③ 品标品牌。

（2）按品牌的文字类型划分：① 中文品牌；② 外文品牌；③ 数字品牌。

（3）按照品牌本身的含义划分：① 人名品牌；② 地名品牌；③ 动植物品牌；④ 企业名称品牌；⑤ 无含义品牌。

（4）按品牌的寓意划分：① 功能性品牌；② 效果性品牌；③ 情感性品牌。

4. 品牌策略的种类

（1）品牌归属策略。

① 自有品牌策略，是品牌运营的首要选择。它包括企业自行设计品牌、外来品牌策略。

② 他人品牌策略，是指属于他人所有但企业拥有所有权的品牌。它包括农产品中间商品牌和其他生产者品牌。

③ 自有品牌与他人品牌共存策略，是指同一种产品，一部分使用自有品牌策略，一部分使用农产品中间商品牌或其他生产者品牌销售。这也是企业常用的一种品牌策略。

（2）品牌统分策略。

① 统一品牌策略，即企业生产经营的所有产品都采用一个品牌。

适用范围：适用于品牌市场地位高，且各种产品的质量相同、质量稳定的企业。

② 个别品牌策略，即企业的每一种产品分别使用不同的品牌名称。

③ 多品牌策略，即企业为一种产品设计两种或两种以上互相竞争的品牌。这种策略由美国宝洁公司首创，故又称“P&G 模式”。

④ 分类品牌策略，即企业对不同的产品线采用不同的品牌。

⑤ 品牌扩展策略，即企业利用已有一定认知度的品牌推出改进型或全新产品。

⑥ 主副品牌共用策略，即同一产品使用一主一辅两个品牌。

⑦ 企业名称与品牌并用策略，即在每一种品牌前冠以企业名称。

二、农产品定价策略

（一）农产品定价原理

1. 农产品价格构成

主要由以下几个部分构成：形成农产品价格的制造费用。其中包括：① 直接工资。直接从事生产经营人员的工资、奖金、津贴和补贴。② 直接材料费。生产过程中耗用的农用材料、燃料、动力等。③ 其他直接费用。从事生产经营人员的职工工资。④ 间接费用。应计入农产品生产成本的生产队管理，包括工资及福利费、折旧费、物料消耗、低值易耗品、运输费、差旅费、劳保费、土地开发费等。

2. 影响农产品定价的因素

（1）农产品成本。

农产品成本是指农产品生产经营者为某产品所投入和耗费的费用总和。

（2）市场供求关系。

市场供求状态是引起农产品价格变化的主要外在因素。一般认为，价格与供给量成正比关系，价格越高，供给量越大；反之，价格越低，供给量越小。价格与需求量成反比关系，价格越低，需求量越大；价格越高，需求量越小。

（3）消费者对产品的认知。

消费者对产品所持有的认知价值，对他们所能接受的价格有很大影响。当他们对产品的认知价值较高时，就能接受一个较高的价格；相反，价格高时，他们会拒绝接受。如寿光的绿色蔬菜在这方面的成功经验值得借鉴。

（4）农产品生命周期。

农产品处于生命周期的不同阶段，定价策略也不同。

（5）政策与法规。

我国农业政策的出台，基本作用在于通过保护农产品价格、保护耕地、保护农产品质量在一定程度上稳定农产品的供给、保护农民的基本利益，利用补贴、保护价格和国家收储放储缓冲吸收农产品供求波动的影响，从而保持农产品市场的稳定。

（二）农产品定价策略与方法

农产品定价策略是在定价目标的指导下，根据农产品特征和市场条件，综合考虑影响价格的各种不同因素，运用具体的定价方法，对农产品价格进行决策。常用的定价策略有以下几种。

1. 新农产品定价策略

（1）撇脂定价策略。

撇脂是指从牛奶表面逐层撇取奶脂。撇脂定价是指新产品进入市场后经营者有意识地把产品价格定得远高于成本，使其能在短时间内把开发新产品的投资和预定的利润迅速收回。比如，高价农产品应该能突显消费者的消费水平，意味着产品高品质、高档次等。

（2）渗透定价策略。

农产品的同一个品种具有较大的同质性，因此经营者往往采取低价来吸引众多消费者。所谓低价，是相对于产品品种和服务水平而言的。这种策略的优势在于：低价低利能够有效地阻止竞争者加入，产品能较长时间地占领市场。

（3）满意定价策略。

满意定价策略也称温和价格策略，将新产品的价格定在以一个比较合理的水平，使顾客比较满意，这是企业又能获得适当利润。这是介于撇脂定价策略和渗透定价策略之间的一种新产品定价策略。

（4）高税高利农产品。

这类商品价格应与各阶段的平均成本变动相适应，保持阶梯形下降的价格水平。

2. 农产品差别定价策略

农产品差别定价策略指企业按照两种或两种以上的差异价格销售某种农产品。

（1）因顾客而异。

同一种农产品，对不同顾客其价格可以不同。如许多农产品会员商店，对会员顾客按照标明的价格售货，而对非会员顾客购物则要加收价格的 5%～10%。

（2）因式而异。

同一产品，式样不同其价格可以不同。同一产品，按不同花色、样式和规格实行分档定价。如把同为红富士品种的苹果按照大小分成不同的等级，每个等级确定一个价格；出售猪肉时，根据不同部位确定不同的价格。

（3）因时空而异。

同一产品或劳务，在不同地点、时间和不同的交易方式下其价格可以不同。如在一些大的超市里鲜鸡蛋早上和晚上的价格不同。又如同样的新鲜蔬菜，元旦、春节期间价格要比平时高出一倍，甚至几倍。

3. 折扣定价策略

农产品价格有基本价格和成交价格之分。前者是指价目表中标明的价格；后者则是指通过降低一部分价格来争取顾客的价格。

4. 心理定价策略

（1）尾数定价策略。

一般消费者往往认为尾数价格是经过精密计算的，因而产生一种真实感、信任感、便宜感。尾数定价策略可以顺应某些地区、民族的风俗习惯，从而有利于扩大销售。如1000克鸡蛋标价5.90元，比标价6.00元更能吸引顾客。

（2）整数定价策略。

为满足消费者心理的需要，对一些高级商品要采取整数定价。例如一盒人参礼品如果定价为59元，就不如定价60元为好。

（3）声望定价。

声望定价，是针对消费者购买商品时求名的心理动机而采取的定价策略。如名牌商品可定高价，名牌商店的商品，售价可以高一些。又如赣南脐橙，比一般无品牌脐橙价格要高。

（4）组合定价。

组合定价是对相关商品按一定的总和毛利率联合定价。如某果蔬批发店土豆定价1毛一斤以吸引顾客购买，而用顾客选购其他商品的利润弥补土豆亏损的利润。

（5）习惯定价。

习惯定价是指按照消费者的习惯价格定价。如农产品中的一些常年需要购买的商品大米、面粉等，消费者经常购买，在心目中已形成了一种习惯价格。

（6）系列定价。

一般来讲，同档次的农产品价格要与竞争对手价格保持一致，定价时以竞争对手价格为主要依据。根据本产品竞争能力，同时推出另外一种规格产品，质量稍好一些，价位稍高一点。如超市的大米按等级不同制定不同的销售价格。

（7）招徕定价。

招徕定位又称特价商品定价，是一种有意将少数商品降价以招徕吸引顾客的定价方式。

5. 随行就市定价

一般农产品差别不是很大，价格太高消费者会认为贵，价格太低消费者会产生怀疑心理，因此经营者可以把农产品价格保持在同行业平均价格水平上，这种定价方法比较保险。

（三）定价方法

1. 成本导向定价

成本导向定价是以产品成本为定价基本依据，主要包括以下几种具体方法。

（1）成本加成定价法。

成本加成定价法是指技术产品单位成本加上一定百分比的毛利来定价。

① 完全成本加成定价法。

完全成本加成定价法是以全部成本作为定价基础。该方法为蔬菜、水果的定价所普遍采用。

计算公式：

$$\text{产品售价}=\text{单位完全成本}\times(1+\text{成本加成率})$$
$$=\text{单位完全成本}+\text{单位完全成本}\times\text{成本加成率}$$

其中：

$$\text{单位完全成本}=\text{单位变动成本}+\text{单位固定成本}$$

$$\text{成本加成率（毛利率）}=\frac{\text{售价}-\text{进价}}{\text{进货成本}}\times 100\%$$

【例 1】某农产品生产基地年生产 A 产品 10 000 件。总固定成本为 80 000 元，单位变动成本为 50 元，加成率为 25%。

请问 A 产品的价格怎么确定？

解 单位产品固定成本=80 000/10 000=8（元）

单位完全成本=50+8=58（元）

产品售价=58×（1+25%）=72.5（元）

② 进价加成定价法。

进价加成定价法以售价与进价的差额占进货成本的比例作为加成率来计算产品售价。主要适用于商品流通行业产品定价。

计算公式：

$$\text{产品售价}=\frac{\text{进货价格}}{1-\text{加成率}}$$

$$\text{加成率}=\frac{\text{售价}-\text{进价}}{\text{进货成本}}\times 100\%$$

（2）盈亏平衡定价法。

盈亏平衡定价法指在销量既定的条件下，企业产品的价格必须达到一定的水平才能做到盈亏平衡、收支相抵。这是利用盈亏平衡点的原理来定价的方法。在盈亏平衡点，总收入=总成本，其中：

总收入=价格×销售量

总成本=固定成本+单位变动成本×销售量

即　　价格×销售量=固定成本+单位变动成本×销售量

$$盈亏平衡点销售量=\frac{固定成本}{价格-单位变动成本}$$

$$保本价格=\frac{固定成本}{盈亏平衡点销售量}+单位变动成本$$

保本价格=固定成本/盈亏平衡点销售量+单位变动成本

（3）目标收益率定价法。

目标收益率定价法又称目标利润定价法，或投资收益率定价法。它是在成本的基础上，按照目标收益率的高低计算的方法，即根据企业产品总成本和计划总产量（销量），加上目标利润，来确定单位产品价格的方法。

计算公式：

$$单位产品的销售价格=\frac{总成本+目标利润}{计划总产量}$$

【例 2】企业生产服装每月固定成本为 10 万元，生产每件衬衣变动成本为 10 元，现接到某经销商每月订购此种衬衣 5 000 件，按企业的年度计划，每月要实现利润 6 万元。

请按上述的要求，利用目标利润定价法计算每件衬衣的定价。

解　衬衣定价=（100 000+5 000×10+60 000）/5 000=34（元）

2. 需求导向定价法

需求导向定价法是指根据消费者对商品的理解、需求程度和对价格的承受能力来定价，而不是根据产品的成本来定价的方法。它包括理解价格定价法和需求差异定价法。

3. 竞争导向定价法

（1）通行就市定价法。

通行就市定价法指根据同行业企业现行的价格水平为产品定价的方法。既可以追随市场领先者制定的价格，也可以根据市场一般价格水平定价。类似上文提到的随行就市定价策略。

（2）主动竞争定价法。

主动竞争定价法指根据企业产品的实际情况及与竞争者产品的差异来确定产品价格的方法。产品价格可能高于、低于或与市场价格一致。

三、农产品分销渠道策略

（一）农产品分销渠道的类型及特点

1. 农产品分销渠道的含义及特点

农产品分销渠道是指农产品从生产者转移到消费者手里所经过的通道，包括农产品从生产领域向消费领域转移过程中的所有参与者，即各种机构和个人。

2. 农产品分销渠道的类型

（1）按商品在销售过程中是否经过中间环节来划分。

① 直接销售渠道。

直接销售渠道是指农产品从生产者流向最终消费者的过程中不经过任何中间环节的渠道。它是农产品分销渠道中最短的渠道，也称为零渠道。

② 间接销售渠道。

间接销售渠道是生产者通过若干中间环节（如农产品批发商、零售商、经销商或代理商），把商品销售给用户。

（2）按商品在流通过程中经过流通环节或层次的多少来划分。

① 长渠道。

商品在从产品生产者流向最终消费者或用户的过程中，每一个对产品拥有所有权或负责有推销责任的机构称为一个环节或层次。层次越多，销售渠道越长。

② 短渠道。

短渠道指在产品生产者流向消费者或最终用户的过程中，所经过的环节、层次少。

（3）按商品在流通过程中同一层次所选农产品中间商的数量来划分。

① 宽渠道。

商品在由生产者流向消费者或用户的过程中，生产者通过多个农产品中间商将产品转卖到消费者手中，这种产品的销售渠道就较宽，如普通水果、蔬菜在多家超市、农贸市场同时销售，其渠道较宽。

② 窄渠道。

如果某种产品的生产企业是通过一个农产品中间商来销售其产品，或在某地区只委托一家农产品中间商经营其产品，则该产品的分销渠道就窄，如独家代理商或独家经营。

（二）农产品分销渠道的选择与调整

1. 农产品中间商概述

（1）农产品中间商的概念。

农产品中间商是指处于生产者与消费者之间，参与商品交换、促进买卖行为发生和实现的具有法人资格的经济组织和个人。

（2）农产品中间商的类型。

按照是否拥有商品所有权，可以将农产品中间商划分为经销商和代理商。

经销商：从事商品流通业务并拥有商品所有权的农产品中间商。它包括批发商和零售商。

代理商：接受生产者的委托，从事销售业务，但不拥有商品所有权的农产品中间商。按其与生产者业务联系的特点，又可以分为企业代理商、销售代理商、寄售商和经纪商。

2. 影响渠道选择的因素

影响渠道选择的因素有：产品因素、市场因素、企业本身的因素、经济效益因素、政府政策因素。

四、农产品促销策略

（一）农产品促销组合概述

1. 农产品促销的含义

农产品促销是指农业生产经营者运用各种方式方法，传递产品信息，帮助与说服顾客购买本企业的产品，或使顾客对企业产生好感和信任，以激发消费者的购买欲望，促进消费者的消费行为，从而有利于扩大农产品的销售。常见的农产品促销方式有人员推销、广告促销以及营业推广、公共关系四种形式，如图 2.18 所示。

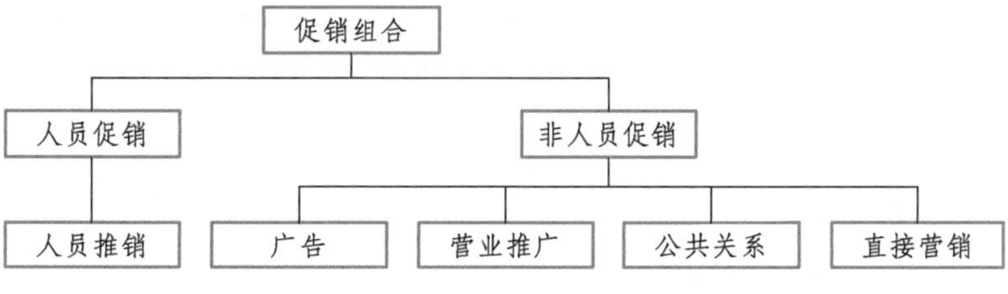

图 2.18　农产品促销方式

2. 农产品促销方式

（1）人员推销（Personal Selling）。

人员推销是指通过销售人员深入中间商或消费者进行直接的宣传介绍活动，使其采取购买行为的促销方式。

（2）广告（Advertising）。

广告是指由广告主采取付费方式，委托广告经营部门通过传播媒体，以现代科学技术和现代化设备为手段，以策划为主体、创意为中心，对受传者进行的以有关企业目标、经营方式、产品或服务项目为主要内容的宣传活动，旨在使受传者心目中牢固树立企业形象、品牌形象及产品形象，从而达到刺激、扩大市场需求，开拓潜在市场，扩大市场份额与产品销售，进而指导消费者、培养受传者新的生活方式的目的。

（3）营业推广（Sales Promotion）。

农产品营业推广指农产品经营者为刺激消费者迅速购买和吸引经销商大批经营所采用的一种短期促销措施。

（4）公共关系（Public Relations）。

公共关系指一个组织为了改善与社会公众之间的关系，通过双向信息沟通，增进公众对组织的认识、理解与支持，树立良好的组织形象，为自身事业的发展创造最佳社会环境而开展的一系列活动。公共关系的种类有媒体关系、消费者关系、政府关系等。各种促销方式优缺点如表 2.6 所示。

表 2.6　各种促销方式优缺点

促销方式	优点	缺点
人员推销	直接沟通信息，反馈及时，可当面促成交易	占用人员多，费用高，接触面窄
广告	传播面广，形象生动，节省人力	信息单向传递，只能针对一般消费者，难以立即成交
公共关系	影响面广，信任程度高，可提高企业知名度和声誉	花费力量较大，效果难以控制
营业推广	吸引力强，激发购买欲望，可促成消费者当即购买行为	接触面窄，有局限性，有时会损害商品口碑

3. 农产品促销组合

农产品促销组合是指农产品经营者企业把广告、人员推销、公共关系、营业推广等各种促销方式组合为一个策略系统，使企业的全部促销活动互相配合、协调一致，最大限度地发挥整体效果，从而顺利实现促销目标。

农产品促销组合体现了市场营销理论的核心思想——整体营销。

（二）影响农产品促销组合的因素

1. 产品类型及特点

广告比较适用于价格较低、技术性弱、买主多而分散的农业消费品；人员推销则比较适用于价格昂贵、技术性强、买主少而集中的农业生产资料。其他两种方式对商品的适用性差异不大。

2. 推动或拉引的策略

推动策略：以农产品中间商为主要促销对象，把产品推进分销渠道。

拉引策略：以最终消费者为主要促销对象。

采用推动策略，人员推销的作用最大；采用拉引策略时，广告的作用更大些。

3. 顾客的购买过程

顾客的购买过程一般分为四个阶段：

知晓——广告和宣传报告为主；

了解——广告和人员推销为主；

确信——人员推销和广告为主；

购买——人员推销为主。

4. 产品生命周期

处于不同阶段的产品，促销重点目标不同，采用的促销方式也有区别：

投入期——需要对产品进行广泛的宣传，以提高其知名度，广告与公共关系的效果最佳，营业推广也有一定作用。

成长期——广告和宣传报告仍需加强，营业推广可相对减少。

成熟期——增加营业推广，削减广告，再辅之以人员推销，进一步扩大销售。

衰退期——营业推广可继续使用，广告只起提醒作用，直至产品完全退出。

【任务训练】

1. 简述农产品生命周期各阶段特点及营销策略。
2. 简述农产品品牌统分策略。
3. 简述农产品定价策略及方法。
4. 根据所学知识阐述2020年新冠肺炎疫情期间农产品经营者之如何选择分销渠道。
5. 根据本任务学习内容为宣汉庙安青脆李选择合理的促销方式。

【任务拓展】

4C's营销理论（The Marketing Theory of 4Cs），也称“4C营销理论”，是由美国营销专家劳特朋（R. F. Lauterborn）教授在1990年提出的与传统营销的4P相对应的4C理论。它以消费者需求为导向，重新设定了市场营销组合的四个基本要素：消费者（Customer）、成本（Cost）、便利（Convenience）和沟通（Communication）。它强调企业首先应该把满足顾客需求放在第一位，其次是努力降低顾客的购买成本，然后要充分注意到顾客购买过程中的便利性，而不是从企业的角度来决定销售渠道策略，最后还应以消费者为中心实施有效的营销沟通。

任务六 “互联网+”时代下的农产品营销

【任务描述】

你们听过电子商务吗？随着智能手机、无线网络、4G、5G 等技术的不断发展，农产品营销企业的市场机会越来越多，尤其是新冠肺炎疫情这种特殊时期，“无接触”购买方式越来越受到人们的青睐，抖音、快手等直播平台除了丰富人们娱乐生活外，也将给农产品经营者带来市场机遇。通过本任务学习，我们将了解农村电子商务基本知识，掌握新兴营销方式，希望大家在今后的工作中能运用这几种新兴营销方式帮助农产品企业开展营销活动。

【任务目标】

- 了解农村电子商务概念及特征
- 掌握农产品的网络营销概念及常用网络营销的工具和方法
- 了解新媒体营销方式

【任务学习】

“互联网+”为我国农业发展带来新的发展机遇，通过快捷的物流体系、先进信息技术，将农产品送至订购者手中，这是信息经济社会发展的客观要求，对促进农村改革、增加农民收入具有至关重要的作用。

一、农村电子商务概述

（一）农村电子商务的概念

在当前“互联网+”时代，网络营销已风靡全球，农产品网络营销也抓住“互联网+”时代发展的有利契机，充分利用互联网带给我们的高效、便捷，有针对性地进行农产品的营销，最大限度地实现营销策略的实效性。“互联网+”时代下的农产品营销策略对于增加农产品的销售量、树立农产品特色品牌、拓展农产品销售渠道、解决农产品产销对接、增加农民收入、推进农村改革发展都具有划时代的重大影响。

农村电子商务平台配合密集的乡村连锁网点，以数字化、信息化的手段，通过集约化管理、市场化运作、成体系的跨区域跨行业联合，构筑紧凑而有序的商业联合体，降低农村商业成本、扩大农村商业领域，使农民成为平台的最大获利者，使商家获得新的利润增长。

（二）农村电子商务的特征

1. 农村电子商务将传统的商务流程电子化、数字化

一方面电子流代替了实物流，可以大量减少人力、物力，降低了成本；另一方面突破了时间和空间的限制，突破了传统交易时间、地点固定的局限性，使交易活动可以在任何时间、地点进行，从而大大提高了效率。

2. 农业网络基础设施薄弱，缺乏区域性谋略

我国当前提供农业电子商务服务的网站为数不少，但由于农村软硬件的缺乏，网络接通农户的“最后一公里”障碍，使得农民不能通过直接有效的途径参与到电子商务中来。此外，我国幅员辽阔，区域地理环境差异较大，农业具有鲜明的区域性特征，这进一步促使农村电子商务问题复杂化。

3. 产品需求的不可预知性

受自然条件的影响，农产品的生产和农用品的需求具有很大的不可预知性，农产品生产区域和生产者相对分散，农产品附加值较低，农产品不耐久存，农产品种类繁多而品质评价的主观因素较强，这些因素极大地阻碍着农产品生产产业化和流通现代化，是实现农村电子商务的难点。

4. 农村电子商务的覆盖面窄，正处于萌芽时期

目前我国农村电子商务正处于成长期。东部地区电子商务发展已初具规模，而西部偏远山区电子商务处于初步发展阶段。在偏远的山区，由于互联网覆盖面窄，目前我国农村电子商务正处于成长期。

（三）农村电子商务创新模式

1. P2B2C 农产品电子商务模式

P2B2C（P 代表个体农民，B 代表企业，C 代表消费者）模式，指企业通过在特色农产品地区收集准确的农产品信息，在相应的区域发布。同时，企业加强与农户之间的交流，为农户提供更先进的帮助与服务。企业为农户建立一系列的农产品项目，实现农产品最优化开发。

2. P2G2B 农村电子商务模式

P2G2B（P 代表个体农民，G 代表政府，B 代表企业）模式，就是政府利用先进的信息网络技术，牵头联系个体农民和企业，建立农产品电子商务信息平台。如图 2.19 所示。

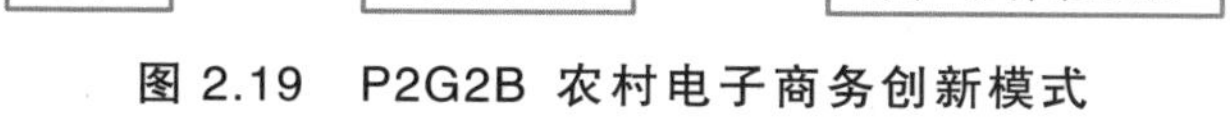

图 2.19　P2G2B 农村电子商务创新模式

二、农产品网络营销

（一）网络营销概述

网络营销是以互联网络为媒体，以新的方式、方法和理念实施营销活动，更有效地促成个人和组织交易活动实现的新型营销模式。它是企业整体营销战略的一个重要组成部分。

1. SNS：病毒营销的裂变效应

SNS（Social Networking Services），即社会性网络服务，专指旨在帮助人们建立社会性网络的互联网应用服务。

2. IM：营销传播新引擎

IM（Instant Message）意为即时通信，是一种类似电子邮件的联机通信方式。顾名思义，IM具有即时性。

3. 手机：互动式的移动营销

随着通信技术的发展，手机可以运用的传播形式也越来越多样化，除文字外，彩色动画、影音乃至二维码等传播形式越来越受到广告主的青睐，手机逐渐成为继电视、广播、报刊、网络之后的新媒体——第五媒体。

4. 色彩营销：瞬间打动消费者

色彩能以很强的视觉冲击力为产品、品牌的信息传播扩展40%的受众，提升人们的认知理解力达到75%，也就是说，在不增加成本的基础上，成功的色彩能增加15%～30%的附加值。

5. 网络视频：低成本的营销利器

随着网络化、数字化的高速发展，网络视频的流行改变了网民传统的阅读方式，也改变了企业的信息传播方式。相对于单调的文字形式来说，视频新闻能够带给网民们更多的视听享受。视频在使阅读形式变得轻松的同时，也在逐渐改变着人们由文字到视听的网络阅读习惯。

6. 网络广播：先影响思想再影响购买行为

网络播客是新一代广播。在许多人都觉得电台广播行将没落之时，播客在互联网上的蹿红刷新了人们对广播的新看法。

7. 营销3.0时代（UGC营销）：学会用爱心对待顾客，用尊重对待竞争对手

在新的市场环境中，营销传播不再像以往一样单纯追求对消费者的信息灌输，而是以媒体的创新、内容的创新、传播沟通方式的创新去征服目标受众。相比于以大众营销为核心的Marketing1.0时代、以分众营销为核心的Marketing2.0时代，这种新的

营销传播浪潮命名为“创意营销传播”，即 Marketing3.0 时代。

（二）常用网络营销的工具和方法

1. 微博营销

（1）微博营销的概念。

微博营销是指通过微博平台为商家、个人等创造价值而执行的一种营销方式，即商家或个人通过微博平台发现并满足用户的各类需求的商业行为方式。

（2）微博分类。

① 个人微博营销。

② 企业微博营销。

③ 行业资讯微博营销。

（3）微博营销原则。

① 真诚原则。

② 乐观开朗原则。

③ 宽容原则。

2. 微信营销

（1）微信营销的概念。

微信营销是网络经济时代企业或个人营销模式的一种，是伴随着微信的火热而兴起的一种网络营销方式。

（2）微信营销的运作方式。

① 草根广告式。

② 品牌活动式。

③ 微信营销的功能。

3. 网红经济

（1）网红经济介绍。

网红经济是以一位年轻貌美的时尚达人为形象代表，以时尚达人的品位和眼光为主导，进行选款和视觉推广，在社交媒体上聚集人气，依托庞大的粉丝群体进行定向营销，从而将粉丝转化为购买力。

（2）网红经济的运行模式。

通过淘宝直播，将网红自身具有的粉丝经济转化为实体经济。

目前直播网站主要有三种形式：电竞游戏直播网站、秀场直播网站、生活直播网站。

游戏竞技直播网站是发展最早也最为规范成熟的网站，在互联网直播网站中走在前列。多家平台竞争激烈，流量差异明显，主要集中在龙珠、斗鱼等知名网站。秀场直播网站“美女经济”强势崛起，也拥有相当大的流量规模。随着未来直播网站的内容向专业化、综合化发展，生活类直播网站有较大发展潜力。

（3）网红经济未来的发展趋势。

网红们深植于淘宝平台这份“土壤”，未来还可以发展得更好。淘宝总监介绍，淘宝平台还将对网红店铺提供一系列支持和帮助，其中，专门配合网红店铺的相关产品正在研发之中，此外平台还将通过 iFashion 频道、星店、淘宝达人等产品，让更多的人了解网红店铺。淘宝平台还在牵头组织网红店铺和“中国制造”厂商之间的洽谈，以达到强强联手的目的，实现网红经济与实体经济的进一步对接。

4. 直播营销

（1）直播营销的概念。

直播营销是指在现场随着事件的发生、发展进程，同时制作和播出节目的播出方式。该营销活动以直播平台为载体，达到企业获得品牌的提升或销量的增长的目的。

（2）直播营销的流程。

无论是大品牌还是个人，在利用直播进行营销时往往离不开以下几个流程：精确的市场调研；精确分析自身的优缺点；市场受众定位；直播平台的选择；良好的直播方案设计。

5. 电子名片

（1）电子名片的概念。

电子名片是一种图文、声像并茂的多媒体“光盘名片”，运用现代化高科技手段，融入视频和声音等多媒体元素，把企事业单位的文字、图片、视频、声音等多媒体宣传资料整合成一种自动播放的多媒体文件刻录到名片大小的光盘上，是名片和企业宣传画册的结合体。其应用范围比传统纸质名片和印刷画册更广泛。

（2）电子名片适用领域。

电子名片用途远远多于普通传统名片，由于其多媒体的特征，电子名片不仅可以单纯作为普通纸质名片使用，还可以当作宣传画册使用。企事业单位可以把自己想宣传的图文声像信息通过电子名片制作软件合成到电子名片上，这样既可以节省印刷成本，又可以提升企业形象。

（3）电子名片主要用途。

作为一种新生事物，电子名片光盘的市场潜力巨大，应用领域极其广泛，使用范围包括：

① 国内知名企业品牌推广/形象宣传/培训演示/产品介绍/文化传播；

② 思想意识比较超前的企业；

③ 新产品研发型企业；

④ 产品比较多，制作印刷宣传品比成本较高的企业；

⑤ 产品主要出口的企业；

⑥ 产品更新换代比较快，或增加产品频率比较高的企业；

⑦ 比较注重企业形象的企业；

⑧ 比较重视企业宣传的企业，特别是一些贸易型企业等。

6. 抖　音

（1）抖音的概念。

抖音，是一款可以拍短视频的音乐创意短视频社交软件，该软件于 2016 年上线，是一个专注年轻人的音乐短视频社区。用户可以通过这款软件选择歌曲，拍摄音乐短视频，形成自己的作品。

（2）抖音的主要营销方法。

① 流量明星效应型。企业品牌与抖音上的流量明星合作，是最能直接获取关注与传播的方式之一。

② 制造传播热点型。抖音的用户互动性很高，因此特别适合营销活动的传播和扩散。

③ 建立品牌人设。建立品牌人设的目的是以品牌人格化来聚集用户群体和增加粉丝黏性。

④ 开展抖音挑战赛。“挑战”类活动是抖音为企业提供的独特营销模式，这种方式号召“抖友们”以一首歌或其他形式参与短视频的比赛，从而传播品牌，获得消费者好感。

⑤ 植入创意广告。硬广告最大的问题在于内容不够有趣。在视频中植入创意广告，既能保证用户看了不反感，也可以达到广告即内容的效果，降低广告本身的违和感，但这对内容制作者的“脑洞”要求较大。

（三）新媒体营销

1. 新媒体的概念

新媒体是新的技术支撑体系下出现的媒体形态，如数字杂志、数字报纸、数字广播、手机短信、移动电视、网络、桌面视窗、数字电视、数字电影、触摸媒体、手机网络等。相对于报刊、户外、广播、电视四大传统意义上的媒体，新媒体被形象地称为“第五媒体”，如图 2.20 所示。

图 2.20　新媒体

2. 新媒体的特点

（1）价值。

就媒体本身意义而言，媒体是具备价值的信息载体。

（2）原创性。

新媒体之所以称为“新”，就应该具备基本的原创性。

（3）效应。

效应是在一定环境下，一些因素和一些结果构成的一种因果现象。

（4）生命力。

新媒体作为媒体而存在，必须有一定生命力。或长或短必须有其存在期间的价值体现，而这个价值体现的长短，就是生命周期。

3. 新媒体的形态

从媒体形态而言，新媒体主要分为网络媒体、社交媒体和新媒体群。

（1）网络媒体。

网络媒体是新媒体中的传统形态，是随着互联网在中国的发展而开始走进大众视野的，给予网民最初的关于网络应用的概念，同时积累了最早的互联网用户。

（2）社交媒体。

社交媒体（Social Media），也称为社会化媒体，指允许人们撰写、分享、评价、讨论、相互沟通的网站和技术。中国社会化媒体经过多年的发展，类别呈现多样性，例如微信、QQ、钉钉等常见社交媒体，如图 2.21 所示。

图 2.21 常见的社交媒体

（3）新型媒体群。

新型媒体群是视频技术走出固定场所、面向开放的户外空间、移动空间，并借助无线网络而达成的变异形态。目前它主要包括楼宇电视、车载移动电视、户外新媒体等。新型媒体以区别于传统媒体和其他新媒体形态的传播范围与传播行为，达到了更具时效性和指向性的传播效果。

楼宇电视一般针对中高端消费群体，常安置于高档写字楼、高档小区及一些重要的服务大厅，传播范围较窄、内容针对性较强。

移动车载电视作为大众媒介有着独特的媒体优势，乘客所在的商务车、出租车、公交车或地铁属于封闭的空间，电视作为彼时彼地突出的娱乐媒体和信息渠道，足以实现“枪弹式的强制传播”。移动车载电视广告如图 2.22 所示。

图 2.22　移动车载电视广告

4. 对农产品怎么做微商

微商售卖的产品多种多样，从化妆品到日用品、食品、水果……可谓应有尽有，但是现在有一种微商特别火，那就是农产品微商，也有很多人都想去做，那么对农产品该怎么做微商呢？永辉超市购物 App 如图 2.23 所示。

图 2.23　永辉超市购物 App

（1）做好前期准备工作。

（2）先从好朋友入手。

（3）如何在微信、微博和 QQ 上发布信息。

（4）公布客户或朋友的购买订单记录。

（5）广告发布时间和数量。

（6）主动地联系一些有需求的朋友。

【任务训练】

1. 简述什么是微博营销。
2. 简述什么是电子名片，运营电子名片营销方式试推广某一农产品。
3. 直播营销与微博营销、微信营销相比，有哪些不同之处和相同之处？
4. 抖音为什么会成为2018年最流行的手机软件，这对于电子商务又有哪些影响？
5. 什么是网红经济，简述网红经济的实质程序。
6. 如何理解网络营销定义？
7. 简述营销的三个阶段。
8. 简述营销3.0的成功秘诀。

【任务拓展】

2020年新营销趋势

1. “直播间带货”继续崛起

2019年，“口红一哥”李佳琦走红，他让成千上万可爱的女孩子买他推荐的货品，也让成千上万的品牌看到直播间的“杀伤力”。

2. “国潮品牌”继续崛起

2019年中国风元素的服装仍然爆红，我们到哪家商业街或是旅游景点随意逛一逛，就能看到不少穿着汉服的男生和女生。

抖音短视频、快手视频等短视频App或是一些网络直播平台上，更是有很多穿着汉服的漂亮的小姐姐，在弹着琵琶、古筝，吹着笛子，跳着传统民族舞蹈或是唱着中国风的歌曲。《中国诗词大会》收视率也是持续上升，很多观众们都羡慕武亦姝这样的女生，居然这般博学多才。

模块二

营销策划实务

项目三　营销策划准备

项目四　营销策划实施

项目五　营销策划实践

项目三 营销策划准备

任务一 营销调研

【任务描述】

假如你是一名农产品市场营销调研员，要求必须掌握各种农产品的生产知识和农产品的市场销售情况，并要求具备丰富的营销调研理论知识，才能去适应市场所需，才能满足市场的不断变化。如何做好市场调研工作呢？要求必须掌握农产品市场营销问卷设计和农产品市场调研报告，才能做好农产品市场调研的基本工作，从而更好地为农产品销售做好铺垫，进而实现经济效益。

【任务目标】

- 了解农产品市场调查问卷的类型和形式
- 掌握农产品市场调查问卷设计的程序
- 掌握农产品市场调研报告的结构
- 掌握农产品市场调研报告的书写要求

【任务学习】

一、农产品市场调查问卷设计

（一）调查问卷的含义类型及形式

1. 调查问卷的含义

市场调查问卷就是指调查人员事先根据调查目的和要求设计出来的由一系列问题、答案和解释说明组成的搜集必要数据的一种工具。它由一系列“问题”和备选“答案”以及其他辅助内容组成，又称调查表或者询问表。

2. 调查问卷的类型

（1）根据市场调查中使用问卷方法的不同分类。

① 自填式问卷，是指由调查者发给（或邮寄给）被调查者，被调查者根据实际情况自己填写的问卷。适用于面谈调查、邮寄调查、网络调查及媒体发放的问卷调查。

② 代填式问卷，是指调查者按照事先设计好的问卷或问卷提纲向被调查者提问，然后根据被调查者的回答，由调查者进行填写的问卷。适用于面谈调查、座谈会调查、电话调查。

（2）根据问卷发放方式的不同分类。

① 送发式问卷。由调查者将调查问卷送发给选定的被调查者，待被调查者填答完毕之后再统一收回。

② 邮寄式问卷。通过邮局将事先设计好的问卷邮寄给选定的被调查者，并要求被调查者按规定的要求填写后回寄给调查者。

③ 报刊式问卷。随报刊的传递发送问卷，并要求报刊读者对问题如实作答并回寄给报刊编辑部。

④ 人员访问式问卷。由调查者按照事先设计好的调查提纲或调查问卷对被调查者提问，然后再由调查者根据被调查者的口头回答如实填写问卷。

⑤ 电话访问式问卷。通过电话来对被调查者进行访问调查的问卷类型。

⑥ 网上访问式问卷。在互联网上制作，并通过互联网来进行调查的问卷类型。

（3）根据问卷问题类型的不同分类。

① 结构式问卷也称封闭式问卷，是指问卷中不仅设计了各种问题，还事先设计出一系列各种可能的答案，让被调查者按要求从中进行选择。适用于规模较大、内容较多的调查。

② 开放式问卷也称无结构式问卷，是指问卷中只设计了询问的问题，不设置固定的答案，被调查者可以自由地用自己的语言来回答和解释有关想法。适用于小规模的深层访谈或试验性调查。

调查问卷的类型具体如图 3.1 所示。

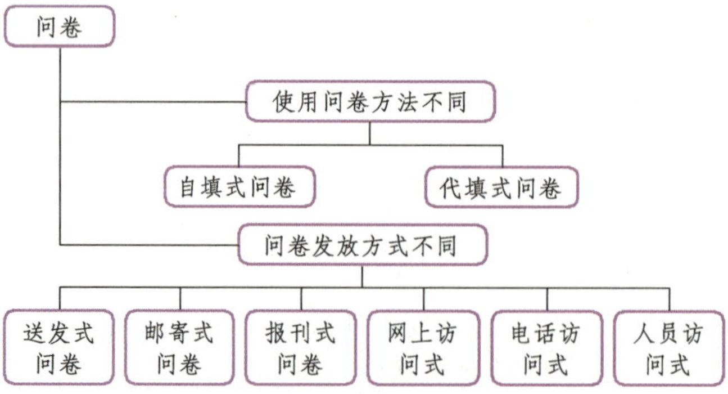

图 3.1 调查问卷的类型

3. 调查问卷的形式

（1）一览表调查问卷：把许多调查单位和相应的调查项目依次在一张表里登记调查。适用于调查问题比较简单的调查。

（2）单一表调查问卷：将一个调查单位的所有调查项目登记在一张表上。适用于调查问题较多的调查。

（3）开放式调查表：调查的问题并不列出所有可能出现的答案，而是由被调查者自由作答的调查表。

（4）封闭式调查表：在调查表中提出的问题已被设计好了各种可能的答案，被调查者只需从中选定一个或几个现成的答案。在实际工作中，开放式和封闭式这两种调查表可以单独使用，也可以结合使用。

（二）调查问卷的结构及问卷设计的程序

1. 调查问卷的结构

（1）标题：问卷的标题是概括说明调查的研究主题，使被调查者对所要回答的问题有一个大致的了解，因此确定标题应该简明扼要，能够引起回答者的兴趣。

（2）问卷说明：旨在向被调查者说明调查的目的、意义。有些问卷还有填表须知，交表时间、地点及其他事项说明等。问卷说明一般放在问卷开头，通过它可以使被调查者了解调查目的，消除顾虑，并按一定的要求填写问卷，因此问卷说明既可采取比较简洁、开门见山的方式，也可在问卷说明中进行一定的宣传，以引起调查对象对问卷的重视，争取得到他们对调查的配合，最后致以谢意。

（3）填表说明：又称指导说明或者填写要求，是指对填表的要求、方法及注意事项等的总说明，其目的是规范和指导被调查者如何填写问卷，如何将问卷返回到调查者等相关事项的说明。其作用是对调查问卷的说明，让被调查者顺利填写调查问卷。

（4）调查主题内容：这部分是问卷的主题部分，由问题和答案组成，主要以提问的形式提供给被调查者。这部分是调查的核心内容，调查主题内容设计的好坏，会直接影响到问卷的质量和调查的价值。所以，调查问卷的设计必须要根据调查的目的进行。调查主题内容是调查者所要了解的基本内容，也是调查问卷中最重要的部分。

（5）编码：编码就是对每一份问卷和问卷中的每一个问题、每一个答案编定一个唯一的代码，并以此为依据对问卷进行数据的处理。

（6）作业记录：在调查表的最后，附上调查员的姓名、访问日期、时间等，以明确调查人员完成任务的性质。如有必要，还可写上被调查者的姓名、单位或家庭住址、电话等，以便于审核和进一步追踪调查。但对于一些涉及被调查者隐私的问卷，上述内容则不宜列入。

2. 问卷设计的原则

（1）目的性原则：要求问卷中拟定的问题要反映调查的目的。

（2）可接受性原则：要求问卷的设计要比较容易让被调查者接受。

（3）顺序性原则：要求问卷中的各种问题要排列有序且合理。

（4）简明性原则：要求提问要注意用语准确，含义清楚，简明扼要，要避免诱导性提问；问卷设计的形式要简明易懂、易谈。

（5）匹配性原则：要求便于进行被调查者回答的检查、数据处理和分析；所提问题都应事先考虑到对问题结果做适当分类和解释，使所得资料便于做交叉分析。

问卷设计的原则具体如图 3.2 所示。

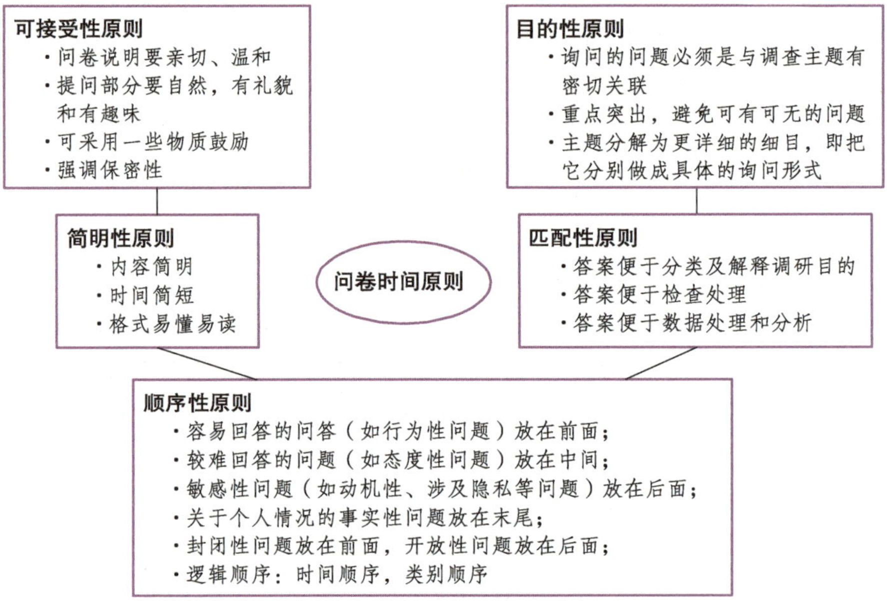

图 3.2　问卷设计的原则

3. 问卷设计的程序

（1）准备阶段：根据调查课题的范围和调查项目，将所需的资料项目全部列出，分析哪些是主要资料，哪些是次要资料，哪些是调查的必需资料，并分析哪些资料需要通过问卷来取得，需要向谁调查等，同时要分析调查对象的各种特征。

（2）初步设计：确定问卷的结构及编排问题。首先，应标明每项资料需要采用什么方式提问，并尽可能地列出各种问题。其次，对问题进行检查、筛选、编排，设计每个项目的问句。再次，对设计的每个问句，都要认真地考虑是否必要，是否能得到答案。最后，还要考虑问卷是否需要编码，或是否需要向被调查者说明调查目的、要求、基本注意事项等。

（3）修改定稿：对初步设计出来的问卷在小范围内进行试验性调查，以便弄清问卷在初稿中存在的问题，了解被调查者是否对所有问题都乐意回答或能够回答，哪些是多余的，还有哪些不完善或遗漏的地方。如果发现问题，应立即修改，使问卷更加完善。问卷修改后，即可印制成正式问卷。

（三）问卷设计注意事项

1. 问题的类型

（1）按照回答的方式分类。

① 开放性问题：开放性问题的实质是调查者不设定答案，回答者可以自由发挥，并充分地发表自己的意见，不受任何条件的限制。

② 封闭式问题：问题的答案已经设定，只需要被调查者从设定的答案中选择的提问方式。

（2）按照问题的作用分类。

① 过滤性问题：筛选回答者是不是下面问题的所属者或者是不是合适的调查对象的问题。

② 心理调节性问题：打破僵局，旨在消除忧虑心理、戒备心理的题目。

③ 鉴别性问题：用于鉴别回答真伪以及认真程度的问题。通过对相关联的问题的逻辑分析来辨别回答者的认真程度。

（3）按照问题的内容性质分类。

① 事实性问题：关于调查者的事实情况，比如您现在用的是什么牌子的手机；还包括被调查者的一些人口统计信息，如婚姻状况、收入水平、教育程度等。

② 意见性问题：某种情况发生，询问收集被调查者的意见和看法的问题。

③ 敏感性问题：主要是一些涉及个人隐私、社会地位、政治声誉等的问题。

④ 假设性问题：假设某一现象存在，被调查者会有什么样的行为或态度。

（4）答案设计应遵循的原则。

① 必要性原则。

② 同层性原则。

③ 互斥行性原则。

④ 穷尽性原则。

（5）设计市场调查问卷时应注意的问题。

① 说明设计注意事项。

② 文字要简明扼要，有可读性。

③ 问卷说明语气要谦虚诚恳。

④ 承诺信息要显示。

⑤ 调查目的和意义要明确。

2. 问题设计注意事项

（1）问题数量合理化、逻辑化，规范化。

（2）问题语言表述注意事项。

① 提问要具体，不要抽象，不能过于笼统。

② 提问要客观，不能带有诱导性的语言。提问要单一，不能一个问题包括两个或两个以上的层面。

③ 提问要肯定，避免使用反义疑问句或者是否定句来提问。

④ 提问要在大众能力范围内，超越了大多数人的能力，回答可能是胡编乱造。

⑤ 提问要大众化，不能使用专业术语。

3. 答案设计注意事项

封闭式问题的答案要包含一切可能的答案，最起码要包含主要答案。但也不要太多，答案过多，可能造成回答遗漏，甚至会引起被调查者的不确定。

一个问题的答案之间不能是相互重叠或者包含关系，必须是同层的关系，是相互排斥的。如果相互重叠或相互包含可能出现双重答案，这样会造成统计分析结果不准确。

4. 问卷排版注意事项

（1）外观设计要精美，既不能太花哨，也不能太单一。

（2）给开放式问题留出足够的回答空间。

（3）字体字号选择适中。

（4）注意一些细节性问题。

5. 其他注意事项

（1）预先测试。

（2）应该为被调查者提供有吸引力的礼物，以便得到被调查者的有效合作。

二、农产品市场调研报告书写

（一）调研报告概述及意义

1. 市场调研报告概述

市场调研报告是市场调查与市场研究的统称，是个人或者组织根据特定的决策问题而系统地设计、搜集、记录、整理、分析及研究市场各类信息资料、报告调研结果的工作过程。

2. 调研报告存在的意义

调查报告是市场调查活动必不可少的重要环节，是经营者做出决策的参考依据，是评价调查活动质量的重要标志。

（二）调研报告的特点

1. 社会性

调研报告作为社会的镜子，从不同侧面客观地反映社会情况和问题，具有明显的社会功能。调查报告总结的典型经验对社会各方面具有指导意义；调查报告所揭露的问题对社会各个方面具有警示作用；调查报告作为一种社会舆论、社会事实的发言人，能够比较客观地反映社会现实。

2. 针对性

调查报告是针对某一种思想倾向、具体实践或者实际问题而展开的。通过对客观事物的真实反映来表达作者的立场观点。作者反对什么、赞成什么在报告里会一目了然。

3. 真实性

社会调研的目的是了解客观实际，发现问题，解决问题，掌握规律。材料的真实和准确是首要的。调查报告采用的材料应是经过科学处理和认真核实鉴别的，不能把道听途说的材料拿来做报告的论据。

4. 典型性

调查报告要具有典型性，是为了解决某个问题、总结某项经验、研究事物的发展趋势而写作的，因此需要恰当地选择典型，深入分析，探索事物的发展规律，寻求解决矛盾的办法。

（三）调研报告的撰写步骤

1. 确立主题

调研报告主题是调研报告所要表达的中心问题，是调研报告的灵魂。明确适当的主题，是整个调研报告撰写过程顺利开展的前提。一般来说，调研报告的主题就是该项研究的主题，即调研报告所要反映的中心问题就是整个调查的中心问题。当调查的内容很多，调查涉及的范围和领域很广时，调研报告的主题可能会和调查的主题不统一。

2. 拟定提纲

构思调查报告整体框架，将这一框架转变为具体的写作提纲。拟定提纲能理清思路，明确报告内容，安排好报告的总体结构，为实际写作打好基础，拟定提纲方法是对报告的主题进行分解，并将分解后的每一部分进一步具体化。

3. 选择材料

以写作提纲的范围和要求为依据，即按照报告的骨架来选择，坚持精炼、典型、全面的原则，做到既不漏掉所有重要的材料，又使所用材料具有最大代表性和最强说服力。通常包括：数据、事例等客观材料和通过分析、综合、概括所形成的观点、认识、建议等主观材料。

4. 撰写要求

从头到尾，一气呵成。报告要紧紧围绕所确立的主题展开，在整体思想、体系结构、内容形式、行文风格等方面前后一致，浑然一体。全文写作完成后，要反复阅读、审查、推敲每一部分，认真修改每一细节，使报告不断丰富和完善。

（四）调研报告的结构

1. 标　题

标题是引起读者注意的关键，要求生动、明确、针对性强，能打动和吸引读者。其形式有：

（1）陈述式：直接在标题中陈述调查对象及问题。使调查的主要内容一目了然，优点是方便读者选择阅读，缺点是千篇一律，太一般化，难以吸引读者的阅读兴趣。

（2）结论式：以某种结论式的语言或判断句作为标题。优点是指明调查所研究的主要内容或现象，具有较强的针对性；缺点是理论性强，不通俗易懂，比较呆板。

（3）问题式：以提问式的形式做标题，特点是十分吸引人的注意力。

（4）双标题式：由主标题和副标题共同构成报告的标题。主标题多以提问式和结论式表达，副标题多以陈述式表达。写作总要求：文要对题，报告的标题要与报告的内容相符，标题一定要与报告的内容相吻合。

2. 导　言

导言是调研报告的开头部分，它主要是向读者介绍调研的有关背景。主要包括调研目的、意义、内容以及所使用的方法等。写作方式有：

（1）直陈式：开门见山，平铺直叙，直接把调研的目的、内容、对象、范围等依次写出。

（2）悬念式：先描述某一现象或问题，然后对此产生的原因、影响等提出一系列疑问，最后介绍调研背景。

（3）结论式：在描述现象、提出问题的同时，直接写出结论。

3. 主体部分

主体部分是整个调研报告的核心。在写作主体部分的内容时，必须考虑三个方面的因素：主题的需要、调研材料的情况、整个报告的结构。写作格式通常有三种：

（1）纵式：根据调查对象本身所具有的时间顺序，从纵的角度来描述和分析。

（2）横式：根据调查对象本身所包含的各种不同特征或不同方面，从横的角度来逐一描述分析和比较。

（3）纵横交错式：将横式、纵式相结合，以其中一种结构为主。

4. 结尾部分

结尾部分主要是小结调查过程和结果，陈述调查研究的结论，并阐明调查问题产生或形成的原因、所具有的影响基础上，提出若干解决的办法或政策建议。

写作要求：语言精练、陈述明确，简明扼要地列出几点，清晰地表明调查研究的主要结果，以及研究者的看法和观点。切中要害，让读者对调研结果中最有价值的结论留下最深刻的印象。

要点：① 导言部分以介绍情况、说明目的为主；② 主题部分则以详细描述现象或问题的实况、报告实地调查的结果为主；③ 结尾部分则以对这一社会现象的讨论以及解决问题的建议为主，以引起社会的重视，或供有关部门参考。

（五）调研报告书写要求

1. 撰写调研报告应注意的问题

（1）用简单平实的语言写作。强调报告的客观性、准确性、严密性、简洁性。行文时，尽量用平实、朴素的语言写作，以简单明了、科学严谨为标准，清楚明确地表达调查的结果。

（2）陈述事实力求客观，避免使用主观或感情色彩较浓的语句。叙述中最好使用第三人称或非人称代词，尽量不用第一人称。

（3）行文时应以向读者报告的口气撰写，而不可表现出力图说明读者同意某种观点或看法的倾向，更不能把自己的观点强加于人。

2. 引用与注释

（1）引用。

报告中经常需要援引别人的论述、结果、资料或数据，来支持、佐证或说明自己的某种观点或结论。报告中凡是引用别人的资料，一定要注明来源，不能将他人的工作和成果不加注明地在自己的报告中使用。引用的方式有：

① 引用他人原话、原文时，用引号标注，再作上记号注明。

② 只援引他人的观点、结论但并非别人的原话、原文时，则不用引号，只需在后面做上记号注明即可。

（2）注释。

注释在报告中引用别人的资料，以及某些不易理解的内容或概念时，需通过注释来进行说明。注释可以指出所引用的资料来源，供读者参考查证；帮助读者解释报告中的疑难，可使报告不会中断和过于冗长；表示作者遵守学术道德，不把他人的工作或成果占为已有。注释的形式有：

① 夹注：直接在所引资料之后，用括号将其来源或有关说明概括起来，对引文进行注释或提示，例如：【美】布莱洛克.社会统计学[M]. 北京：中国社会科学出版社，1988.

② 脚注：在所引资料处只注明一注释号，如在该资料的右上角用①②③等来标明，然后在该页的最下端，用小一号字体分别说明引文的出处、时间等情况，或做出相关解释。

③ 尾注：在所引用的资料处按顺序注明注释号，最后在文章的结尾处用小一号字体全部按注释顺序排出，分别说明引用资料的出处、时间等情况，或做出有关解释，并冠以“注释”的标题。

（六）附　录

附录部分是将一些可以帮助读者更好地了解研究细节的资料编排在一起，作为正文的补充。主要内容有：

（1）收集收集资料所使用的调查表、问卷、心理测量表等各种统计图表。

（2）计算某指标或数据的数学公式介绍。

（3）某些统计和测量指标的计算方法介绍。

（4）某些调查工具、测量仪器以及计算机软件等。

（5）提供资料人员的名单，介绍实地走访对象的详细情况，现场走访人员约访时间表的抄本或日记，人员走访的谈话记录。

【任务训练】

1. 农产品市场营销问卷设计的程序有哪些？
2. 农产品市场调研报告的撰写步骤包括哪些？

【任务拓展】

市场营销调研的主要内容

1. 社会环境分析

企业营销环境包括微观环境和宏观环境。它们直接或间接地结合在一起，影响和限制企业的营销活动。微观环境包括内部企业、营销渠道、企业、客户、竞争对手和公众；宏观环境包括人口、经济、自然、政治法律和社会文化环境等。

2. 消费者调查

消费者调查是对消费者行为、消费习惯和态度的调查，也称为 U&A 研究。主要包括消费者需求调查、消费者结构调查和消费者行为调查。广泛应用于食品、饮料、化妆品、日用品等快速消费品行业。

3. 产品调查

产品调查涉及面广，一般包括产品生产能力、实体、包装、产品生命周期、产品价格等方面的调查。

4. 市场营销活动调查

营销活动的调查主要包括对竞争对手、分销渠道、服务和促销活动的调查。

任务二　营销策划书写作

【任务描述】

假如你要为某农业开发有限公司撰写一份营销策划书，就要求你对营销策划相关理论有一定的知识储备量、对营销策划书写作技巧有深入的认知。通过本任务，归纳总结出营销策划的基本步骤、农产品策划书的撰写方法和写作技巧。

【任务目标】

- 了解农产品营销策划的含义、分类
- 掌握营销策划的基本步骤
- 掌握农产品营销策划书写作

【任务学习】

策划是现代社会最常见的经济活动之一，是指对各项事业或活动做出决策前的谋划、构思和设计活动。营销策划是策划活动的一个方面，是对企业建立、发展等经营活动进行必要的规划和安排，是现代企业提高市场竞争力的重要工具。

一、农产品营销策划

（一）营销策划的含义

营销策划是在对企业内部环境进行准确的分析并有效运用经营资源的基础上，对一定时间内的企业营销活动的方针、目标、战略以及实施方案与具体措施进行的设计和规划。

营销策划是一种运用智慧与策略的营销活动与理性行为，是为了改变企业现状，达到理想目标，借助科学方法与创新思维，分析研究对应策略并制订营销方案的理性思维活动。这是为实施营销目标而对营销策略进行实际运用的活动，是营销管理全过程的重要组成部分。具体来说，营销策划首先是一种计划活动，是为了快速高效地实现企业的营销目标，在科学分析有关影响因素的基础上，对将要开展的营销工作进行系统全面的构思与谋划，进而制订和选择切实可行的执行方案，并且根据企业营销目标的要求和环境变化对方案进行不断调整的一系列富有创意的规划活动。

（二）营销策划的分类

1. 根据策划活动承担者的归属划分

（1）内部自行策划。

内部自行策划指由企业内部的营销策划专家或有经验的专业人员、管理人员自行承担的策划活动。其优点是：内部人员比较熟悉本企业的情况，针对性强，保密性好，灵活方便，节省费用，策划迅速。其缺点是：策划会受企业内部可控人、财、物的状况，掌握信息的充分程度，可利用技术水平的高低等因素的影响及制约，策划思维会有一定的局限性。

（2）委托外部策划。

委托外部策划是指当企业内部自行策划很难解决实际问题时，可以借助“外脑”由外部专业的咨询策划人员或机构进行策划。其优点是：策划人员经验丰富，见多识广，专业化水平高，策划方案科学性强，还能为方案实施提供指导与帮助。其缺点是：费用较高，保密性差，需要很长的时间进行摸底调查。

（3）内外协作策划。

内外协作策划指以企业内部策划为主，但因技术上或其他方面的原因，又从外部高等院校、科研院所、专业策划机构聘请一些专家学者进行指导或联合策划。这种策划兼顾了以上两种策划的一些优点，弥补了以上两种策划途径的一些缺点，但仍存在保密性差、内外协作困难等方面的不足。

2. 根据策划活动涉及的营销活动的范围划分

（1）总策划。

总策划也称综合策划，它是对所策划营销项目的总体规划，是对所策划营销项目的全过程、各环节进行的整体性策划。

（2）项目策划

项目策划也称单环节策划，它是对所策划项目的某一部分、某一具体环节所做的策划。

3. 根据策划项目所处的层次划分

（1）导入现代营销观念的策划。

观念是行为的导向。观念落后或错误的企业不可能产生富有生产力的行为。策划可以使企业导入现代营销观念，用现代营销观念去指导企业的行为，从而使企业焕发生机和活力。导入现代营销观念的策划是指为了使企业更好地适应环境，提升企业的竞争能力，对于关乎企业全局的经营观念进行全面的分析、规划并提供可供实施的导入策略。

（2）战略性策划。

战略性策划是指企业为适应未来环境的变化，规划长期生存和持续发展的途径，并为实现这一途径优化配置资源，制订总体性和长远性的规划。它是对关系到企业战略目标实现的营销问题所进行的总体策划。战略性策划包括两个层面的内容：一是企业总体经营战略中的营销战略规划部分，它是站在企业层面的高度考虑营销问题的，主要包括企业生存战略、发展战略与竞争战略等内容；二是目标市场营销战略规划部分，它是站在营销职能部门、某一品牌或某一服务的角度考虑营销问题的，主要包括市场细分战略、目标市场选择战略、市场定位战略、营销组合策略规划等内容。

（3）策略性策划。

策略性策划指企业为保证顺利实现营销战略目标，在服务于营销战略的前提下，按照职能规划所确定的政策方针，对所策划营销项目某一时间段或某项具体工作所做的短期性策划。它是为实现战略目标而采取的一系列营销策略策划，包括产品策划、品牌策划、包装策划、价格策划、渠道策划、广告策划、公共关系策划、会展策划等。这种策划时间跨度较小，涉及内容广泛，但比战略性策划更具体，而且有较强的操作性。

（4）随机性策划。

随机性策划指在营销活动运行过程中，随着环境变化而产生某种机遇时随机进行的策划。这种策划的特点是机动灵活，应变性强。

4. 根据策划的对象划分

（1）企业策划。

企业策划指以企业生产经营活动为对象的策划活动。这种对企业生产经营活动的策划包括财务策划、组织策划、管理制度策划、公关策划、企业形象策划等。

（2）产品策划。

产品策划指对产品有形或无形部分的策略性设计与产品的销售推广策划，包括产品实体设计、包装设计、品牌策划、产品名称策划、产品销售策划、产品广告策划等。

（3）服务策划。

服务策划指对企业营销活动中服务提供的内容、时间、地点、对象、程序、价格、场所、服务规范标准、服务的推广介绍、宣传销售等所做的运筹谋划。

（4）活动策划。

活动策划指对一些非经营性活动的策划。例如，企业对为树立形象而开展的体育活动、比赛活动、文艺活动、娱乐活动、宣传活动、庆典活动、赞助活动、社会公益活动等所做的策划。

（三）营销策划的基本步骤

一般来说，企业市场营销策划包括以下 10 个具体步骤。

1. 界定问题

策划人将企业发展中的问题按照简单化、明确化、重要化的原则加以界定和提炼，最终提出真正面临的需要加以解决的问题。

2. 市场调查

市场调查的目的在于了解企业的营销环境，为企业的营销策划提供真实可靠的信息。市场调查包括企业营销外部与内部环境的调查与分析。其主要内容包括：市场形势、产品情况、竞争形势、分销情况、宏观环境。这是整个营销策划的基础。

3. SWOT 分析

一个好的营销策划必须对市场、竞争对手、行业动态有一个较为客观的分析，即 SWOT 分析，包括优势与劣势、机会与威胁分析。分析情况是一次去粗取精、去伪存真的过程，是营销策划的前提。

4. 营销战略

企业营销战略策划，主要包括 STP 策划、Brand 策划、CI 策划和 CS 策划。STP 策划要根据企业的总体战略、营销目标和营销重点，进行市场细分、确定目标市场和市场定位。Brand 策划可分为品牌形象策划、品牌传播策划、综合创意策划等过程和内容。CI 策划包括理念识别（MI）、行为识别（BI）和视觉识别（VI）。CS 策划就是满足内外部顾客需求，提升销售业绩、促进企业发展壮大。

5. 营销战术

营销战术注重企业营销活动的可操作性，是为实现企业的营销战略所进行的战术、措施、项目等策划。营销战术包括：① 营销组合策划。现代市场营销组合是 4P+4C。“4P” 即产品（product）、价格（price）、渠道（place）、促销（promotion）；“4C” 即顾客（consumer）、成本（cost）、方便（convenience）、沟通（communication）。② 营销项目策划。如市场调研策划、产品策划、价格策划、分销策划、促销策划、广告策划、公关策划、推广策划等。

6. 产生创意

创意是指具有创造性的主意和构思。它是以一种突破常规的思维方式来对问题进行总体思考和想象。创意的目的，就是要使“现实状态”向“理想状态”发展，从“界定问题”出发，充分发挥想象力，创造性地利用一切可利用的资源、条件与机会，来解决问题。

7. 选择方案

当策划者有了足够多的创意及构想之后，就必须认真评估创意方案的优劣，并从中选定一个可行方案。所谓“可行”的方案，第一，方案要切实可行；第二，要得到高层主管的信任与支持；第三，有其他职能部门的全力配合。

8. 撰写文案

企业营销策划文案是将最终成果整理成书面材料，即营销策划书，也叫策划方案。

策划方案是表现和传达营销策划内容的载体，不仅是营销策划活动的主要成果，也是企业进行营销活动的行动计划。

9. 模拟布局

营销策划方案在正式实施之前，需要模拟布局，类似于文艺晚会上演前的彩排。策划就像是一场富有戏剧性的演出，而如果演员演技水平低，舞台设计不当，即使有一个好的剧本（策划方案）也会影响其演出效果。

10. 实施总结

营销策划方案在实施过程中的组织、指挥、控制与协调活动，是把营销策划方案转化为具体行动的过程。为此，企业营销管理部门必须根据策划的要求，分配企业的人、财、物等各种营销资源，处理好企业内外的各种关系，加强领导与激励，提高执行力，把营销策划的内容落到实处。

应当指出的是，一个具体的营销策划，内容与形式都十分复杂，不会严格按照以上几个程序进行，程序只是人为总结出来的基本框架，而在实际的操作过程中，要灵活运用。

二、农产品策划书写作

（一）营销策划书的撰写方法

营销策划书既是一份营销活动的可行性报告，也是一份营销活动的工作计划。因此，为了增强营销策划书的科学性、严谨性、缜密性和可行性，就需要掌握一定的分析技术和表达方法。下面介绍营销策划书主要部分的撰写方法：

1. 封面的写法

封面包括提出单位、策划者、策划名称、提出日期、机密程度、策划书的页数等。封面的写作要点有两个：

（1）封面的设计风格应与营销策划活动的整体风格保持一致。

（2）封面应该充分展示营销策划书的个性，追求先声夺人的效果，可以选择不同质地的彩色纸。

2. 前言的写法

前言是策划书的开篇，一般在撰写时应简明扼要，它是整个营销策划书的浓缩，它的目的是把策划的重点提出来，让企业的决策者和执行人员快速阅读和了解。因此，前言非常重要。

3. 策划概要的写法

为了让读者在短时间内能够充分理解策划人的计划，策划概要必须清晰、简洁、逻辑性强，篇幅不能过长，一般应控制在一页纸内。概要并不是简单地把策划内容进行列举，而是要单独创建一个系统。

4. 环境分析的写法

环境分析包括内部环境与外部环境两个方面。对于两方面的众多因素，不一定每项都分析，策划专题不同，考虑的影响因素也不同，应该对影响作用较大的因素进行分析。

SWOT 分析是最常用的环境分析方法，有助于实现企业内部环境、外部环境与营销目标之间的平衡，这是营销策划成功的关键。SWOT 分析的第一步是明确公司在当前环境下所具有的优势与劣势；第二步是对公司所处环境中当前或将来可能出现的机遇或威胁进行全面分析。

5. 策划构想的写法

策划构想包括确定营销战略及具体的实施策略。这是整个策划方案的核心，也是营销策划人创意的集中体现。策划构想的写作要点如下：

（1）策划构想的写作步骤是根据 SWOT 分析提出营销创意，然后将符合目标主题的创意变成具体的执行方案。

（2）具体实施策略是实现营销战略的保证，是营销战略的层层展开。在规划营销战略时就要考虑其是否能够实施，在设计实施策略时也可以对前期的营销战略做适当的调整，最终保证营销目标的顺利实现。

6. 附录的写法

形成附录时要注意以下两点：

（1）附录中的参考资料既可以添加在营销策划书的后面，也可以独立成册。

（2）添加的资料要尽可能简洁。

（二）营销策划书的写作技巧

营销策划书和一般的报告文章有所不同，它对可信性和可操作性以及说服力的要求特别高，这既是对营销策划书必须客观反映营销策划方案提出的要求，也是营销策划人员对客户认真负责的体现。因此，运用写作技巧提高可信性、可操作性以及说服力，就成为撰写营销策划书所追求的目标。

1. 寻找一定的理论依据

在对企业的内外部环境进行剖析时，为了使结论与评价意见、主张的创意与方案更具说服力，提高策划内容的可信性并使读者接受，就要引用一些权威机构或个人的研究成果或经典理论来证实自己观点的正确性。但是，理论依据要有对应关系，不能牵强地拿一些空洞理论来为自己助威，这样的理论堆砌不仅不能提高可信性，反而会给人脱离实际的感觉。

2. 适当举例

有时候理论分析和验证只能说明一些共性或一般性问题，并不证明策划人的策划案一定能解决客户的个性化问题。此时，最好能列举一些与客户情况比较相似的案例，这里的举例是指通过正、反两方面的例子来证明自己的观点。需要指出的是，举例以多举成功的例子为宜，选择一些国外先进的经验与做法以印证自己的观点是非常有效的。

3. 利用数字说明问题

策划报告书是一份指导企业实践的文件，其可靠程度是决策者首先要考虑的。这就需要借助一些定量分析的方法或手段,甚至要建立一些数理模型来分析和解决问题。用数据来说明问题,在报告中利用各种绝对数和相对数来进行比较对照是必不可少的。需要注意的是，各种数字最好都标明出处以证明其可靠性。

4. 运用图表帮助理解

运用图表有助于读者理解策划的内容，同时图表还能增强页面的美观性。图表具有强烈的视觉效果，用图表进行比较分析、概括归纳、辅助说明等非常有效。图表的另一优点是能调节读者的情绪，有利于加深读者对营销策划书的理解。因此，策划者对策划方案进行阐述时，最好使用一些图片或表格，把工作的流程、各项工作的衔接关系等直观地表达出来，使人容易理解和记忆。

5. 合理安排版面

良好的版面设计可以使营销策划重点突出、层次分明，增强营销策划书的视觉效果。因此，有效合理利用版面安排也是撰写营销策划书的技巧之一。版面安排包括打印的字体、字号大小、字与字的空隙、行与行的间隔以及插图和颜色等内容的设计。如果整篇策划书的字体、字号完全一样，没有层次之分，那么这份策划书就会显得呆板，缺少生气，一般来讲，版面设计出来，首先要能取悦自己，只有打动自己的策划书才有可能吸引客户。

6. 注意细节，消灭差错

对打印好的营销策划书要反复仔细检查，不允许有任何差错出现，对企业的名称、专业术语等更应仔细检查。这一点对于营销策划书来说十分重要，却往往被人忽视。策划书执笔人校对后，最好再交给其他一些相关或无关的人进行校对，一些专业性很强的问题还要请教专业人士进一步核实，以保证营销策划书准确无误。

7. 总案与分案相辅相成

对于一些综合性强的大型营销策划项目而言，常常在一份营销策划书内，既有总体策划书，又包括若干具体项目的营销策划书或某一具体时段活动方案的策划书。在撰写这类营销策划书的过程中，要注意总案与分案之间的前后对应与衔接，处理好相互之间承启与分工的关系。要做到思路清晰、主辅分明，让执行者有一种一目了然的感觉。

【任务训练】

1. 营销策划的基本步骤有哪些？
2. 农产品策划书的写作技巧有哪些？

【任务拓展】

整合营销策划的内涵

整合营销传播（Integrated Marketing Communication，IMC）是 20 世纪 90 年代初首先在美国提出的，在国际上被公认为是新营销时代的主流，是企业 21 世纪的营销传播新理论。整合营销传播被定义为：统筹运用各种传播方式并加以最佳组合，以特定的目标群体为传播对象，传送基本一致的营销信息，促进联系和沟通的系统传播活动。

整合营销传播策划强调：一是重视品牌的力量，通过整合传播建立、培育和传播品牌，并借此强化企业与利益相关者的关系；二是企业与利益相关者应强化全面双向的互动和沟通，并因此与之建立长期的紧密关系。

整合营销策划需要整合以下两个方面的主要内容：一是横向整合，即各种传播媒体的整合；二是纵向整合，即各种传播策略的整合。

项目四 营销策划实施

任务一　农产品开发与宣传策划

【任务描述】

假如你是一名农产品开发人员，要求必须具备各种农产品的生产知识和农产品开发的能力，只有具备丰富的理论知识，才能开发出适合市场需求的农产品，才能满足市场需求的不断变化，实现经济效益。如何做好农产品的宣传工作呢？要求必须掌握农产品的宣传方法和常见的宣传方式，做好农产品的宣传策划工作，达到最佳的宣传效果，最终实现经济效益和品牌宣传效益。

【任务目标】

- 掌握农产品开发的原则
- 掌握几种常见的农产品开发方法
- 了解农产品宣传的定义
- 掌握农产品宣传的具体方法

【任务学习】

随着我国精准扶贫和乡村振兴战略工作的大力实施，全国各地的农村都发展了很多特色农产品产业，同时我们也经常在网络、电视上看到农产品滞销的现象。通过相关专家的调查，我们了解到导致农产品滞销的最主要原因就是没有创新，产品品种落后，产品缺乏竞争力，滞销的往往是一些大众化、没有特色的农产品。这就告诉我们农产品开发人员，一定要开发有竞争力、有特色的农产品，才能不断满足人们的需求。

一、农产品开发

（一）农产品开发的原则

农产品开发包括新发明的农产品、改进与改型的农产品、农产品新品牌与新的产品线、产品线延伸与新定位产品等。为了使农产品能成功地进入市场，避免失败，企业开发农产品应遵循以下原则。

1. 市场需求原则

开发的农产品市场必须具有充分的需求，包括现实需求和潜在需求。开发农产品之前，要做好市场调研工作，深入、细致、彻底地了解消费者需求，做出准确的预测，力争新产品适销对路。

（1）农产品开发首先要考虑到目标顾客群及其购买行为特征，不同顾客群对农产品有不同的要求。

以鲜奶制品为例，城市消费者重视营养、方便、口味和新鲜，农村消费者则重视价格，而中间商则强调经营鲜奶制品的赢利率。

（2）农产品开发必须能够满足消费者对产品功能的要求。

如鲜奶制品有补充营养、增强体力、方便消食等功能，新产品开发时应充分考虑消费者所追求的产品主要功能是什么。

（3）农产品开发必须考虑到目标市场环境因素。

如必须符合政府颁布的产品质量标准、动植物检疫标准，不违背目标市场的社会文化传统和风俗习惯等。

2. 经济效益原则

农产品开发的经济效益，就是其从资本投入到生产完成的过程中所创造的经济价值。

（1）企业在开发农产品之前，不仅要进行认真仔细的可行性分析和成本效益分析，尽量充分利用企业的生产能力，力求降低成本，而且要为农产品进入市场制定合理的价格，确保农产品既被市场接受，又能获得预期利润。

（2）农产品开发必须从产品的整体概念出发，做好核心产品、有形产品和附加产品等层次的开发。

（二）农产品开发的方法

农产品开发过程一般包括新产品构想的形成、新产品构想的筛选、概念产品的形成与检验、经营分析、制出样品、市场试销、正式生产投放市场。新产品开发成功以后，还需上市成功，这意味着新产品被消费者采用并不断扩散。常见的方法有以下几种：

1. 良种开发

良种主要是指优良的动植物种子、种苗、种禽和种畜。良种开发就是培育优良的动植物品种，是农产品开发的基础途径，一般通过生物品种选育、遗传杂交和转基因工程等方式进行。

2. 栽培养殖开发

相同的动植物品种，其栽培养殖方式不同，产品的品质特性也会不同。如无土栽培的蔬菜，其品质、口味和安全性都较一般栽培的蔬菜要好；用精饲料喂养的畜禽产品，其品质也高于一般产品。特别是绿色无公害农产品的开发，主要通过栽培养殖开发方式获得。

3. 深精加工开发

随着人们生活水平的不断提高，生活中需要更精致、更方便、营养更全面、多种口味、多种风格的农产品，这些必须通过对农产品的深精加工才能达到。农产品深精加工的方式很多，如对水果可以干制、榨汁、做罐头、做果脯等。

4. 外观、包装和品牌的开发

按照产品的整体概念，改变产品的外观、设计产品的新包装、创建一个新品牌都属于新产品的开发。如通过在生产期粘贴字模，使苹果上长有“喜”字，迎合了消费者在喜庆场合的需要；真空包装的北京烤鸭，远销全国各地等。特别是创立农产品品牌，已成为农产品营销的重要手段。许多农产品如新疆葡萄干、四川榨菜、西湖龙井、泰国香米等，因其品牌知名度高而畅销全国乃至世界。创建农产品品牌，需要在市场定位的基础上，通过对农产品质量和特色的有效控制树立产品的名牌形象。

5. 副产品开发

副产品开发是指将农业生产和农产品加工中产生的废物废料进行综合利用，开发成适销的农产品。如将玉米秸秆氨化或青贮，加工成饲料等。

二、农产品宣传策划

农产品宣传是指农业生产经营者运用各种方式方法，传递产品信息，帮助与说服顾客购买本企业的产品，或使顾客对企业产生好感和信任，以激发消费者的购买欲望，促进消费者的消费行为，从而有利于扩大农产品的销售。

（一）农产品的人员推销

农产品的人员推销包括集体组织的产地人员推销和农业企业专职营销员的推销活动。产地人员推销农产品主要是当地政府有关部门组织的农产品推销活动。为了帮助农民解决卖难问题，每当农产品快要上市的季节，产地就会组织人员到各地去，通过熟人、老客户等关系开展推销业务。他们主要前往大中城市的农产品批发市场，通过与市场上常年从事批发业务的经销公司或经销大户签订供货合同，为产地的农产品扩大销路。产地组织的人员推销多带有政府对农业的营销支持行为，当地政府部门组织和抽调人员参与推销，并有一定的资金投入。

（二）农产品的广告促销

由于农业生产的比较利益低，农产品又是人们的生活必需品，需求弹性小，所以过去很少有农民给自己的产品做广告。当农产品市场供大于求后，农业生产者之间、产地之间就形成了相互竞争的市场格局，谁不向外传递信息，不搞促销宣传，谁的产品就不会有人知道、就卖不出去。现在，越来越多的农业经营者开始注意到广告的作用，也开始利用广告手段来促销自己的产品。农产品广告最多的是供求广告，主要以调节余缺为目的，卖方寻找客户，买方寻找货源。供求广告的内容包括商品名称、数量、价格、交货地点和联系方式等。由于供求广告的内容简短，广告费用低，在各地被普遍采用，客户很容易根据广告提供的信息与买方达成交易，取得预期的效果。供求类广告属于信息告知，要求广告信息在一定时间内可保存，客户可查询，而且受众多是生产者、加工者、经销商或购物团体等，因此，可多选择与农产品相关的行业类报纸、杂志等作为广告媒介。

随着我国农村计算机信息网络的普及，网络广告已经成为广大农业经营者发布产品信息的主要方式。网络广告具有成本低、易检索查询、可在网上直接洽谈协商等优点，对农产品经营者来说，是一个实用性强、效果好、很有发展前景的广告媒介。

（三）农产品展销会

参加各种农产品展销会是农业生产者和企业促销农产品的好机会。这些展销活动多数是由产地或行业组织在政府支持下举办的。活动之前通过发通知、做广告等进行广泛宣传，活动的组织机构还向有关部门和企业发出参会邀请。展销会一般都有开幕式、领导剪彩等仪式，期间邀请各种媒体参与采访报道，声势浩大，参加者踊跃，是促成大批量订货的好机会。有些展销会在农产品产地举办，邀请众多客商前来并安排现场参观和座谈交流，不但产品促销效果好，而且树立了良好的产地形象，扩大了产地的知名度。

【任务训练】

1. 农产品开发的原则有哪些？
2. 常见的农产品开发方法有哪些？
3. 农产品宣传的具体方法有哪些？

【任务拓展】

农产品宣传的意义

宣传对农业发展具有重要意义，但也应看到，在开展农产品生产的同时，不少农户市场意识淡薄，只停留在生产观念和产品观念上，坐等中间商或消费者上门购买，往往错过最佳销售时期，只好降价出售，少数地区甚至出现自毁农产品的现象，损失巨大。所以促进农产品销售应引起农业生产者的重视。

1. 传播信息、收集市场情报

如今农产品的种类繁多，品种特性各异，如何使消费者的需求和希望得到满足是促销活动的中心。如传播待售农产品的特点、价格、什么地方可以买到等信息，使顾客感兴趣并逐渐产生购买动机、引发购买欲望直至产生购买行为。同时，通过宣传可以增进顾客对生产单位和农产品的了解，通过观察、询问以及消费者的反应还可以得知农产品及其服务和农产品的竞争力等情况。农业生产者要通过信息反馈改进工作，使农产品适销对路，扩大市场。

2. 增加农产品需求，协调供求

由于消费者需求动机的多样性与复杂性，通过促销活动可以诱导和激发消费者对某一农产品种类或品种产生兴趣，从而达到合理安排供货和余缺调剂的目的。

3. 树立农产品品牌形象和公司形象，稳定销售

促销活动的一个重要内容是树立并表现不同农产品种类和品种的个性，传递农产品质量和提供优质服务的信息，树立农产品在消费者中的信誉，引起消费者对农产品的偏爱；同时，树立公司形象，使购买者不仅决定了买什么，还决定了从何处买，从而使自己的农产品在市场中处于稳定的销售地位。

4. 开发新市场

美国市场研究资料显示，消费市场的商品一年内有 20%～25%的顾客会因种种不可控因素而有所变动，为了使公司继续生存或进一步发展，就要不断发掘新顾客，而促销工作正是打开新市场的重要手段。

任务二　农产品营销策略与推广策划

【任务描述】

假如你是一名农产品营销推广人员，需要你运用合适的方式将农产品推广出去，

让更多的消费者购买农产品，要求掌握一些常见的农产品营销策略以及几种农产品推广方式，并能对农产品进行推广策划，学会制订农产品推广方案。

【任务目标】

- 了解农产品营销策略的发展
- 掌握常见的农产品营销策略
- 掌握农产品推广的方式

【任务学习】

一、农产品营销策略

（一）农产品营销策略的发展

1. 4P's 营销策略

20 世纪 60 年代，是市场营销学的兴旺发达时期，突出标志是市场态势和企业经营观念的变化，即市场态势完成了卖方市场向买方市场的转变，企业经营观念实现了由传统经营观念向新型经营观念的转变。与此相适应，营销手段也多种多样，且十分复杂。1960 年，美国市场营销专家麦卡锡（E. J. MaCarthy）教授在人们营销实践的基础上，提出了著名的 4P 营销策略组合理论，即产品（Product）、定价（Price）、渠道（Place）、促销（Promotion）。“4P's”是营销策略组合通俗经典的简称，奠定了营销策略组合在市场营销理论中的重要地位，它为企业实现营销目标提供了最优手段，即最佳综合性营销活动，也称整体市场营销。

2. 6P's 营销策略

20 世纪 80 年代以来，世界经济走向滞缓发展，市场竞争日益激烈，政治和社会因素对市场营销的影响和制约越来越大。这就是说，一般营销策略组合的 4P 不仅要受到企业本身资源及目标的影响，而且受企业外部不可控因素的影响和制约。一般市场营销理论只看到外部环境对市场营销活动的影响和制约，而忽视了企业经营活动也可以影响外部环境，在此基础上，克服一般营销观念的局限，大市场营销策略应运而生。1986 年美国著名市场营销学家菲利普·科特勒（Kotler）教授提出了大市场营销策略，在原 4P 组合的基础上增加两个 P，即权力（Power）和公共关系（Public Relations），简称 6P's。

（二）常见的农产品营销策略

1. 开发策略

农产品和任何事物一样，有出生、成长、成熟以至衰亡的生命周期。因此，企业不能只顾经营现有的产品，而必须防患于未然，采取适当步骤和措施开发新产品。这是企业提高竞争力的重要因素，也是企业市场营销活动的主要任务。

农产品开发过程一般包括农产品构想的形成、农产品构想的筛选、概念产品的形成与检验、经营分析、制出样品、市场试销、正式生产投放市场。

2. 加工策略

农产品加工是延伸农业产业链条和实现产品增值的必要过程，是每一个经济体不可缺少的环节。

3. 价格策略

农产品价格的制定主要可分为两大类：一类是国家定价。农产品生产经营者对所出售的农产品价格没有决策权，如我国曾长期实行过粮棉油国家统购统销价。另一类是市场价。依据农产品质量、市场供求状况等因素决定其价格。在市场经济条件下，为了刺激消费者的消费行为，通常要对基本价格做适当调整。

4. 促销策略

农产品促销是指农产品生产经营者运用各种方式方法传递产品信息，帮助和说服消费者购买本企业的产品，或使消费者对企业产生好感和信任，以激发他们的购买欲望，促进消费的行为。农产品促销有广告推广、人员推销、关系推销、营业推广四种形式。在进行农产品营销时，要灵活运用促销策略，与顾客建立长期关系，培养一批忠诚的顾客群。

5. 营销渠道策略

我国农产品物流的现代水平、管理水平和组织化程度低，营销渠道效率也较低，与市场经济成熟国家相比存在着较大差距。农产品是否能及时售出，在相当程度上取决于营销渠道是否畅通。营销渠道的畅通和高效，可以有效保证农产品供求关系的基本平衡。因此，农产品营销渠道的选择，不仅要保证产品及时到达目标市场，而且要求销售效率高，销售费用少，能取得最佳的经济效益。

6. 绿色策略

农产品绿色化营销策略是伴随食品质量安全问题而产生的。所谓绿色营销，指以促进可持续发展为目标，为实现经济效益、消费者需求和环境友好的统一，市场主体通过制造和发现市场机遇，采取相应的市场营销方式以满足市场需求的过程。

目前，各国民众日益重视食品安全，环保意识迅速增强，回归大自然、消费绿色食品已经成为人类的共同向往。我国已全面启动“开辟绿色通道，培育绿色市场，倡导绿色消费”的“三绿工程”。因此，要把握机遇，发展和推动农产品绿色营销策略。

二、农产品推广策划

（一）农产品推广的方式

1. 展销会

每年在某些农产品大量上市的时候，当地的乡镇大多会举办展销会，然后邀请很多的人来进行实地考察，然后促进整体订单的形成，以便达到实际补贴果农的效果，这对于消费者和农户都是一个很好的举措。

2. 农产品市场

如今的县城或市区都有自己的农产品市场，每天都会有大量的人来到这里进行订货、进货、发货，所以趁农产品市场这个机会也能够将自己的水果展销出去。

3. 电商平台

现在已经进入了全民网购的时代了，利用电商平台（如淘宝网、微店、京东等）进行农产品推广和销售已成为很多农商的选择。做好线上电商平台的农产品推广工作，可以用电商平台活动、店铺活动等方式获取顾客流量，提高转化率，争取更大的经济效益。

4. 网红带货

网红带货是现在比较好的选择之一，因为很多农产品质量很好，但是欠缺一定的销售推广力度，所以销量平平。其实这只是缺少推广途径，找网红带货就是一个十分好的选择。

5. 低价促销

适时适度地进行一些低价的促销，实现薄利多销，这就意味着果农要进行价格方面的调整，在调整之后再进行市场的推广。

6. 果园（农产品）农家乐

果园（农产品）农家乐，可以让游客体验自采自摘的乐趣，那么这时候，我们可以推广我们当地的农产品，让游客亲自参观农产品的整个生产过程，让游客亲近自然，品尝农产品，只有游客体验好，利用口碑效应，你的农家乐自然经营得好。

（二）如何制定农产品推广方案

农产品推广方案主体内容包含以下几点：

1. 市场背景分析

通过对农产品本身或企业所处的市场环境进行分析，判断出该农产品是否具有市场前景，是否能满足消费者的某种需求。

2. 目标群体

通过对农产品市场分析后，得到的主要目标群体和辅助目标群体，如企业或组织团购、个人、男性、女性、婴幼儿、老年人等。

3. 产品优势

所需推广的农产品拥有哪些产品优势，主要从产品的功能、卖点以及利益点这三个方面加以分析。

4. 推广方式

常见的农产品推广方式有：平台推广、信息推广和通路推广。平台推广包括新闻发布会、产品展示会、大型展会、装材商场（商家）展位推广等。通路推广包括零售终端、网络推广与销售等。

5. 项目实施目标

项目实施目标即通过本次推广，本产品会达到什么样的预期效果，是让目标消费群在最短的时间内认知新产品的功能、效果，缩短新产品推广期时间长度，尽快进入成长期，创造经济效益，或者是为了提高品牌知名度和美誉度，又或者是为了提高农产品的销量或使目标消费群产生试用的欲望，并逐步将其培育成品牌忠诚者等。

【任务训练】

1. 常见的农产品营销策略有哪些？
2. 农产品推广方式有哪些？
3. 农产品推广方案主体内容有哪些？

【任务拓展】

农产品推广策略

农产品的推广是指农产品进入市场后为消费者所接受的过程，主要表现为潜在消费者由认识农产品到试用农产品，最后决定购买农产品的行为。消费者对农产品的反应差异与市场推广就消费品来说，按照消费者接受新产品快慢程度，可以把新产品的采用者分为五种类型：

（1）创新采用者，也称消费先驱。

他们有个性，勇于革新冒险，性格非常活跃，很少听取他人意见，经济宽裕，社会地位较高。

（2）早期采用者。

他们一般接受过良好的教育，年轻，富有探索精神，对新事物比较敏感，有较好的适应性，经济状况良好，对早期采用新产品具有一种自豪感。

（3）早期大众。

这部分消费者一般思想较开放，受过一定教育，有较好的工作环境和固定收入，对舆论领袖的消费行为有着较强的模仿心理。他们不甘落后于潮流，但由于特定的经济地位所限，在购买新产品时，特别是高档产品时，一般持非常谨慎的态度。

（4）晚期大众。

这些是较晚地跟上消费潮流的顾客。这些人对新事物、新产品多持怀疑态度，对周围的一切变好持观望态度，只有新产品进入产品生命周期的成熟期才愿意接受。

（5）落后的购买者。

这些消费者思想保守，受传统思想影响很深，他们怀疑任何变化，对新事物、新变化多持反对态度，固守传统的消费行为方式。他们往往在产品进入成熟期后期或衰退期才接受。

任务三　农产品企业形象设计与策划

【任务描述】

假如你要为某农业开发有限公司进行企业形象策划，就要求你对农产品企业形象设计与策划相关理论有一定的知识储备量。通过本任务，归纳总结出农产品企业形象设计理念、要素、规划过程、导入意义和农产品企业形象策划工作任务的四个阶段。

【任务目标】

- 了解农产品企业形象设计理念
- 掌握农产品企业形象设计要素
- 掌握农产品企业形象策划工作任务

【任务学习】

一、农产品企业形象设计

企业形象设计又称 CI 设计，CI 是 Corporate Identity 的缩写，指企业的经营理念、文化素质、经营方针、产品开发、商品流通等有关企业经营的所有因素。从信息这一观点出发，从文化、形象、传播的角度来进行筛选，找出企业具有的潜在力，找出它的存在价值及美的价值，加以整合，使其在信息社会环境中转换为有效的标识。这种开发以及设计的行为就叫“CI”。

（一）设计理念

设计者拒绝平庸，讨厌安逸。设计者认为苦也是一种味道，不要平淡无味。

设计者拒绝墨守成规，立志创业创新。设计者认为创业是一种生活方式，时时刻刻在前进。

设计者设计的是一个梦想，策划的是一个未来。设计者不仅仅是满足于客户的认可，更希望客户成功。

（二）要　素

CIS，作为企业形象识别系统，包括三个子系统，即理念识别（Mind Identity），简称MI；行为识别（Behavior Identity），简称BI；视觉识别（Visual Identity），简称VI。

1. 企业理念

从理论上说，企业的经营理念是企业的灵魂，是企业哲学、企业精神的集中表现，同时也是整个企业识别系统的核心和依据。企业的经营理念要反映企业存在的社会价值、企业追求的目标以及企业的经营等内容，尽可能用简明确切的、能为企业内外乐意接受的、易懂易记的语句来表达。

2. 企业行为

企业行为识别的要旨是企业在内部协调和对外交往中应该有一种规范性准则。这种准则具体体现在全体员工上下一致的日常行为中。也就是说，员工们的一招一式的行为举动都应该是一种企业行为，能反映出企业的经营理念和价值取向，而不是独立的随心所欲的个人行为。行为识别需要员工们在理解企业经营理念的基础上，把它变为发自内心的自觉行动，只有这样，才能使同一理念在不同的场合、不同的层面中具体落实到管理行为、销售行为、服务行为和公共关系行为中去。

3. 企业视觉

任何一个企业都想进行自我宣传来向社会大众传播，从而塑造可视的企业形象，需要依赖传播系统，传播的成效大小完全依赖于在传播系统模式中的符号系统的设计能否被社会大众辨认与接受，并给社会大众留下深刻的印象。符号系统中基本要素都是传播企业形象的载体，企业通过这些载体来反映企业形象，这种符号系统可称作企业形象的符号系统。VI是一个严密而完整的符号系统，它的特点在于展示清晰的“视觉力”结构，从而准确地传达独特的企业形象，通过差异性面貌的展现，从而达成企业认识、识别的目的。

（三）企业形象

企业形象识别系统是“Corporate Identity System”的中文翻译，简称CIS，其理论的发源地一般认为是在美国。20世纪50年代中期，美国IBM公司在其设计顾问“透过一些设计来传达 IBM 的优点和特点，并使公司的设计在应用统一化”的倡导下，首先推行了 CI 设计。

20 世纪 60 年代初，美国一些大中型企业纷纷将能够完整树立和代表形象的具体要素作为一种企业经营战略，并希望它成为企业形象传播的有效手段。它包含了企业形象向各个领域渗透的整个宣传策略与措施，这种完整的规划与设计在经过相当长的一段时间后被人们广泛认知并正式冠以企业形象识别系统的名称。70 年代 CI 理论引入日本，少数有远见的企业先行导入 CI，并逐渐产生了功效。进入 80 年代，中国一些南方企业也开始尝试 CI。广东太阳神集团被认为是中国最早导入 CIS 的企业，通过视觉元素的展现，较好地体现了企业经营理念和经营风格。

CIS 包括三部分，即 MI（理念识别）、BI（行为识别）、VI（视觉识别），其中核心是 MI，它是整个 CIS 的最高决策层，给整个系统奠定了理论基础和行为准则，并通过 BI、VI 表达出来。所有的行为活动与视觉设计都是围绕着 MI 这个中心展开的，成功的 BI 与 VI 就是将企业富有个性的独特的精神准确地表达出来。

BI 直接反映企业理念的个性和特殊性，包括对内的组织管理和教育，对外的公共关系、促销活动、资助社会性的文化活动等。

VI 是企业的视觉识别系统，包括基本要素（企业名称、企业标志、标准字、标准色、企业造型等）和应用要素（产品造型、办公用品、服装、招牌、交通工具等），通过具体符号的视觉传达设计，直接进入人脑，给企业留下视觉印象。

企业形象是企业自身的一项重要无形资产，因为它代表着企业的信誉、产品质量、人员素质、股票的涨跌等。塑造企业形象虽然不一定马上给企业带来经济效益，但它能创造良好的社会效益，获得社会的认同感、价值观，最终会收到由社会效益转化来的经济效益。它是一笔重大而长远的无形资产的投资。未来的企业竞争不仅仅是产品品质、品种之战，更重要的还是企业形象之战，因此塑造企业形象便逐渐成为有长远眼光企业的长期战略。

CI 是 Corporate Identity 的英文缩写，直译为“企业形象规范体系”，指一个企业为了获得社会的理解与信任，将其企业的宗旨和产品包含的文化内涵传达给公众，而建立自己的视觉体系形象系统。

（四）规划过程

企业形象设计规划与实施导入是一种循序渐进的计划性作业，整个计划的进行与开展，综合国内外企业导入 CI 的经验。其作业流程可分为下列四个阶段：

1. 企业实态调查阶段

把握公司的现况、外界认知和设计现况，并从中确认企业实际给人的形象认知状况。

2. 形象概念确立阶段

以调查结果为基础，分析企业内部、外界认知、市场环境与各种设计系统的问题，来拟定公司的定位与应有形象的基本概念，作为CI设计规划的原则依据。

3. 设计作业展开阶段

根据企业的基本形象概念，将其转变成具体可见的信息符号，并经过精致作业与测试调查，确定完整并符合企业的识别系统。

4. 完成与导入阶段

重点在于排定导入实施项目的优先顺序、策划企业的广告活动以及筹组企业形象。

（五）导入意义

为了充分发挥企业形象系统的作用，塑造企业整体企业形象，企业首先应对企业形象系统有全面、完整的认识。

1. 企业形象系统影响企业的生存和发展

（1）导入企业形象系统是市场经济对企业提出的新要求。

随着市场经济体制的完善和现代企业制度的建立，已完全进入市场角色的企业既要不断增强活力和迅速反应能力以适应市场环境变化，同时又要领先非技术、非价格因素造就企业的鲜明特色。这将迫使企业在经营管理中必须突出“人”的因素，此外还要突出企业文化内涵，营造浓郁的文化气息，使消费者在获得物质享受的同时也获得精神享受。今后的企业，将不再单纯推销产品与服务，而是向社会公众推出包括产品与服务在内的企业整体形象。

（2）导入企业形象系统是经济全球化对企业提出的新要求。

21世纪经济全球化趋势进一步增强，对各国经济的渗透力也愈来愈强。受其影响，各国企业集团化经营、连锁化经营初露端倪，各国企业集团不仅应走上规模效益型的轨道，而且也应拥有自己的海外成员企业。在这种经济全球化趋势的过程中，各国企业集团要通过集团整体形象塑造，运用企业形象系统与外国大型企业抗衡。有人把企业形象所产生的力量称为形象力，同人力、物力、财力相提并论，有些企业的企业形象甚至已成为其价值最大的资产。所以，形象力是衡量一家企业是否先进，是否具有开拓国际市场能力的主要指标。

（3）国内率先导入企业形象系统的企业为我们揭示了企业形象系统的发展远景，给其他企业带来了压力，也带来了动力。

2. 企业形象系统的积极效果

企业形象是企业内在的各种文化信息所形成的凝聚力、创造力、吸引力和竞争力的综合体现。塑造良好的企业形象，可以给企业带来以下三方面效果：

（1）信任效果。

一个深得社会公众认同和喜爱的企业，总能顺利地推销它的产品和开展它的新工作，即使与其他企业做相同的事，销售相同的产品，也容易得到较高的评价。如果在转换经营机制的过程中，不断完善自我形象，增强形象力，那么其销售力也会提高。相反，如果一家企业形象不好，尽管其产品打折、优惠销售，也容易遭到社会公众的怀疑。

（2）缓和效果。

一家形象良好的企业，当它于无意之中犯过错时，往往能比企业形象一般的企业得到社会公众更多的谅解，从而减轻社会舆论对企业的压力。

（3）竞争效果。

消费者对于形象良好的企业及其产品总会优先考虑使用，这类企业常常能击败竞争对手，夺得优胜。一般而言，有知名度、企业形象良好的企业比没有知名度和良好形象的企业能销售更多的商品。

3. 企业导入企业形象系统时的注意事项

企业形象是一种有价值的无形资产，企业经理应树立这样一种观念：为塑造企业形象而导入企业形象系统所花费的金钱不是“开支”，而是“投资”，是一种开发性的投资。既然是投资，就要有投资效应。为了使形象投资能力产生预期的效应，在导入企业形象系统之前，企业经理应注意以下几点：

（1）认真编制形象塑造规划，敢于投资。

在企业形象规划中，要制定企业形象发展目标与具体实施步骤，编制规划前应找出企业实际形象与期望之间的差距，同时应注意规划的可建设性与可操作性。此外，还应尽可能增加必要的投入，不能因为对企业形象的投资与对建筑物、设施设备、名人字画、古玩等固定资产的投资不同，便犹豫不决。如果一开始就不敢投资，往后的工作自然就无法进行。如果为了节省经费而删除某些必要的项目，或者花钱的项目一律砍去，就会使企业形象建设受阻，或半途而废。

（2）企业形象塑造要坚持从实际出发。

企业形象如何建设，应根据不同企业不同的条件、优势、基础和需要来考虑。例如，有的企业可从视觉形象入手，重点抓企业标志、品牌或开展广告宣传大战；有的企业可注重行为识别的培育，着眼于提高企业整体素质，培养企业凝聚力和竞争力；还有的企业可以注重理念识别，倡导企业文化与企业精神，探索适应市场经济发展的经营之道。需要指出的是，企业形象建设应由一点入手，带动其余的方方面面，不能只顾一点，不问其余，否则极易使形象扭曲变形。

（3）企业形象塑造要有特色。

差别性是企业形象塑造最基本的特征。在市场经济条件下，企业应追求富有个性化的企业形象。个性化的形象可方便消费者识别，给企业带来较稳定的客源和生机。

比如有两家大型企业，设施、规模、商品相同，但一家以“享受服务温情”的形象推向市场，而另一家则没有什么特色，这两家企业的销售结果就大不一样。

（4）企业塑造企业形象系统。

要着重提高全体员工的文化素质、业务素质与职业道德水平。企业要定期和不定期地对企业全体员工进行职业道德、思想素质、业务素质的培训与教育，要培养员工养成讲质量、讲信誉的风气，要培育员工爱店敬业、忠于职守、和睦团结的敬业精神。

总之，塑造良好的企业形象，是发展社会主义市场经济的客观需要，是社会主义制度下企业对国家和社会所承担的责任，是企业在竞争中奋进取胜的必要条件，同时也是企业文化建设的重要内容。

二、农产品企业形象策划

企业形象策划即 CIS 导入的程序，它是一个系统工程。其主要作业划分为四个阶段，即提案阶段、调研阶段、开发设计阶段和实施管理阶段。这四个阶段的规划囊括了 CIS 策划的主要内容和程序，是一个相互衔接的过程，每个阶段都有其特定任务和工作重点。

（一）提案阶段

1. 明确导入 CIS 的动机

确定企业内部、外部的需求背景，针对具体企业的营运与设立状况选择时机，同时明确导入的目的与目标，及时立项。

2. 组建负责 CIS 的机构

由发起人召集最初的参与人员，委托专业公司，由企业、专家顾问、专业公司三方组成 CIS 委员会，并设常务机构。

3. 安排 CIS 作业日程表

按照 CIS 作业的四大阶段，根据企业的具体情况拟定作业项目与进度安排，提交讨论并最后确定、制表。

4. 预算导入 CIS 的提案书

仔细进行各项作业的预算，写出 CIS 预算书，提交企业主管与财务主管审核。

5. 完成 CIS 提案书

按规范完成 CIS 提案书，充分说明导入 CIS 的原因、背景、目的、负责机构的设想、作业安排、项目预算，使推进方针与期待成果明确化。

（二）调研阶段

1. 确定调研总体计划

制订调研计划，其中包括调研内容、调研对象、调研方法、调研项目、调研程序与期限、调研成果形式。

2. 分析与评估企业营运状况

分析企业各种相关的报表与调查资料，走访有关人士，诸如企业主管、财务主管、营销人员，充分掌握资料，分析研究。

3. 企业总体形象调查与视觉形象项目审查

采取定性、定量两种形式，就企业的基本形象、特殊形象对企业内外进行采访与问卷调查。收集视觉形象项目，分析比较，广泛征求意见，得出审查意见。

4. 调查资料的分析与研究

对经营情况与形象调查的所有资料进行整理、统计，对企业经营实态与形象建设现状做综合的研究与评估。明确企业目前的问题点，从这一前提初步构想 CIS 导入战略。

5. 完成调查报告书

将调研成果记述在系统的报告书中，提交企业主管、相关部门主管，CIS 委员会全体人员讨论、审议。

（三）开发设计阶段

1. 总概念的策划

根据调研结果导入 CIS 的基本战略方针。对企业理念、识别系统的开发设计提出基本设想。对企业主管或董事会解释总概念书的内容，并确定总概念书。

2. 创立企业理念

提出具有识别意义的企业理念，其中包括企业使命、经营观念、行动准则与业务范围等，并提供理念教义规范的行为特征，创作企业标语、口号、座右铭、企业歌曲等。

3. 开发设计视觉识别系统

确定企业命名或更名策略，将 CIS 概念缩入基本因素的设计中，再以基本设计为准，开发应用设计要素。商标与包装设计需认真开发。对新设计方案进行技术评估与形态反应测试、修改，仔细斟酌，最后确立。编印 CIS 设计手册。

4. 办理有关法律行政管理手续

企业名称登记或更名登记，商标核准与注册登记等。

（四）实施管理阶段

1. 内部传播与员工教育

完成 CIS 委员会的改组与工作交接。制订内部传播的计划。准备教材教具，实施员工 CIS 教育。定期发行 CIS 通信，动员大家参与 CIS 普及知识的企业内部公关活动。

2. 推行理念与设计系统

按计划举办各种公关活动，对外树立企业新形象，扩大知名度与提高好评度，对内推行贯彻理念，鼓舞员工士气，发扬敬业精神。同时，向企业有关部门、人士宣传新设计系统，督导应用，交定期进行检查。

3. 组织 CIS 系统的对外发布

制订对外发布计划、选择媒体、安排时间与频率、确定发布内容、合理预算，完成发布计划。

4. 落实企业各部门的 CIS 管理

将 CIS 计划落实到企业相关部门的实际工作中，融入日常企业管理的制度中。

5. CIS 导入效果测试与评估

制定督导与定期测试评估制度。定期完成对内对外企业形象建设效果测试，进行效益统计，并制定改进方案。

【任务训练】

1. 农产品企业形象设计理念有哪些？
2. 简述农产品企业形象策划工作任务的四个阶段。

【任务拓展】

企业形象是企业生存与发展的关键，然而它的重要性还没有达到人所共识的程度，以下几个方面值得企业经理重视与认真对待。

1. 在思想认识上，企业经理要把企业形象看作价值巨大的无形资产

所谓无形资产，是指企业的声誉、权利与优越条件的总和。塑造良好的企业形象，有利于提高企业无形资产的评估价值，使企业有发展后劲。只有把企业形象看作是有

价值的无形资产，把无形资产看作是企业形象塑造的必然硕果，才能使企业形象“软黄金”的效应真正体现出来。

2. 在行动方针上，要把企业形象塑造作为企业经营战略的重要组成部分

在传统的企业经营观念中，企业不仅要把握当前的客源市场，还要有预见性地把握未来的市场：不仅要把握国内市场，而且要开拓并占领国际市场。企业在实际经营战略的同时，努力塑造企业形象，并用良好的企业形象协调企业经营管理，帮助企业做好企业文化、系统化、服务程序等方面的工作，从而达到企业形象组织化、生产技术统一化的最佳效果。

3. 在企业形象塑造的着眼点上，要注重对内增强凝聚力、对外增强竞争力

凝聚力与竞争力实际上是企业活力与合力的重要体现。对内增强凝聚力，就是要使企业形象对全体员工产生号召力，使他们对企业具有充分的自信心和强烈的自豪感、责任感及义务感。在增强内部凝聚力的同时，还必须增强企业对外的竞争力。企业形象是否良好，最主要的标志就是看它的信誉是否卓著和持久。因此，企业必须坚持不懈地抓质量，保证任何时候商品质量都要优异稳定，并保证产品具有很高的文化品位，从而创造出产品优势，以此来提高企业信誉，增强企业竞争力。

4. 在信息传播上，要注意内外并重，保证信息传播有效

企业导入企业形象系统，只是万里长征走完第一步，更重要的是需要得到企业全体员工的积极响应，同时更需要推向社会，让更多的社会公众认同企业，并做出积极的反应。否则，企业尽管导入企业形象系统，也很难在公众中树立起企业应有的企业形象，很难使员工为企业整体形象的塑造出力。因而，企业一旦决定导入企业形象系统，就既需要向社会公众广泛传播，又需要向企业内部公众广泛传播；在传播时，还应做到有计划、有目的，形成系列化。

项目五 营销策划实践

任务一 营销策划准备实训

【任务描述】

作为农产品营销人员，当我们有丰富的农产品资源时，如何了解消费者对该农产品的市场需求？首先要设计调查问卷，进行市场调查，然后对市场调查的结果进行分析，撰写调研报告，最后根据调研报告，做出决策，撰写农产品营销策划书。

【任务目标】

- 运用营销相关理论知识设计调查问卷
- 运用营销相关理论知识撰写调查报告及策划书

【任务学习】

一、设计农产品调查问卷

大学生校园水果问卷调查

亲爱的同学：

你们好！首先感谢你们在繁忙的学习和生活中抽出时间来参加这个问卷调查。我们正在做一个有关大学校园水果消费情况的问卷调查，目的是想了解大学生的消费心理、消费倾向。这是一份匿名调查，不会泄漏您的个人信息，希望你能够帮助我们完成这个调查。在此感谢！希望你生活开心愉快！

性别：　　　　　　　　系别：

1. 您喜欢吃水果吗？

A. 喜欢　　　　　　B. 一般　　　　　　C. 不喜欢

2. 您经常买什么水果？ [多选题]

A. 苹果　B. 香蕉　C. 橙子　D. 芒果

E. 草莓　F. 其他

3. 您觉得大学现有的水果的种类可以满足你的要求吗？

A. 满意　B. 不满意　C. 一般

4. 您一般去哪里买水果？

A. 流动水果摊　B. 水果店　C. 校外超市　D. 其他

5. 您买水果的频率？

A. 一次都没有　B. 两天一次　C. 三天一次　D. 一周一次

6. 你在购买水果时最注重的是？（多选题）

A. 水果质量　B. 水果价格　C. 是否符合自己的口味

D. 新鲜程度　E. 方便程度

7. 假如你学校周围的水果店在价钱和质量上都有所改善，你会增加对水果的消费额吗？

A. 不会增加　B. 增加 10%　C. 增加 20%　D. 有待考虑

8. 您在哪些方面对水果销售商服务最不满意？（多选题）

A. 品种偏少　B. 价格太贵　C. 水果不够新鲜

D. 缺斤短两　E. 购买不方便

9. 您希望在购买水果时得到水果相关的健康、营养、美容等方面的知识吗？

A. 希望　B. 不希望　C. 无所谓

10. 您觉得学校内是否有必要开设一间水果专卖店？

A. 有　B. 没有　C. 无所谓

11. 您每周平均用于水果的消费？

A. 0 ~ 10 元　B. 11 ~ 20 元　C. 21 ~ 30 元　D. 31 ~ 40 元

12. 您喜欢吃水果的原因是什么？（多选题）

A. 有利于健康　B. 有利于减肥　C. 有利于美容　D. 个人偏好

E. 营养价值

13. 你认为吃水果的最佳季节是什么时候？

A. 春季　B. 夏季　C. 秋季　D. 冬季

14. 你会注重水果的外表吗？

A. 会　B. 不会　C. 偶尔

15. 你购买水果时会与其他水果进行比较吗？

A. 会　B. 不会　C. 有时

16. 除了你平时可以吃到的常见的水果外，你还想吃到的其他水果是？

17. 如果学校开设一间水果专卖店，你有什么意见和建议呢？

二、撰写农产品调研报告

大学生校园水果市场问卷调查报告

一、市场环境分析

（一）宏观市场环境分析

校内水果店的开设会大大方便学校的老师和同学，能够在一定程度上激发他们的购买欲望，促进对水果的消费。根据调查，在食品消费结构中，主食品消费缓慢下降，副食品消费逐渐上升。在这种趋势下，水果消费支出占周围食品消费比重也有所升高。水果这种大众消费品已逐渐变为生活必需品，成为大众消费的一个重要组成部分。所以，宏观环境分析有利于校内水果店的开设。

（二）微观环境分析

本校区拥有三四千名高职高专的在校学生，二三百名教员职工，人口需求量大，消费市场也相对比较广。在夏天来临之际，单一的冷饮满足不了师生的需求，于是为水果这片市场开辟了有利的机会。各色水果在严酷夏日定能成为师生们追捧的对象，成为生活饮食中的必需品。所以，大家对水果的消费趋势不会低于其他的消费食品。

其次，现代人更注重食品本身的营养价值功能，水果便是他们最好的选择。多吃水果益处多多，不管从营养还是保健方面讲，水果都能满足大众的需求。而且，随着园林技术和保鲜技术的不断发展，我们能在各个季节吃到不同特色的水果，拓展了人们的需求层次。因此，微观环境分析有利于校内水果店的开设。

二、消费者分析

为了获取更科学、更准确的研究数据，我们小组在校园内展开了广泛的调查，调查对象是全体学生，总共问卷 50 份。我组对 50 份问卷进行了整理，50 份全部为有效问卷。

（一）需求量分析

1. 据统计，女性消费者比男性消费者的消费倾向更高，50 名调查对象中，男性为 16 名，约占 32%，女性为 34 名，约占 68%。

2. 我组在商贸系调查群体比重较大，其次为财经系，工程系相对比较少。由于商贸系和财经系女生比重占绝大多数，所以本次调研消费群体主要倾向于女性。

3. 对于消费者是否对水果有极大的需求，大部分学生热衷于水果，只有 1.5%学生对水果不感兴趣，而我们关注的则是 89%的消费群体。

4. 校内学生对水果的消费需求量很大，其中有 40% 的学生会每周花费 21 ~ 30 元来购买水果，11 ~ 20 元占 28%，所以为了更好地方便学生，我组认为在校内开水果专卖店是大势所趋。

综上所述，学生对水果总需求和总消费额都很大，所以在学校开水果店有很好的市场前景。

（二）需求要求分析

每一位消费者对产品都有不同程度的需求，他们选择的肯定是能让自己满意的产品，在某种意义上讲，即顾客对某种产品的喜好程度。产品的受欢迎程度取决于它们自身的价值，而这种价值又取决于它们本身潜在的质量。当消费者对这些满意产品进行消费之后，便逐渐形成一种好感，从而对这些产品建立起了一定的信任度。所以在本次调查中，我们对消费者进行了需求要求分析，为实现销售目标打好基础。

1. 在水果种类里，消费群体大多偏向于吃苹果，占 27%，其次是香蕉所占比重较大，占 25%，其他水果，如草莓占 16.8%，橙子占 11.5%，芒果占 9%，其他占 10.7%。

2. 对于购买水果的频率，一周购买一次水果的频率高，占 37.5%，而三天一次或两天一次所占的比重也挺大的，分别为 30%、25%，不买水果吃的人占极少数。

3. 如果学校周围的水果店在价格和质量上有所改善，大部分人会增加对水果的消费额，会增加 20%的人占消费群体的 32%，会增加 10%的占 28%，而不会增加购买额的和有待考虑的都占相等比重，均为 20%。

（三）需求原因分析

学生购买水果的主要原因是水果是一种健康食品，营养丰富，有助于身体健康，同时能够美容。学生认为吃水果有益健康，在夏天可以消暑解渴，还可以美容解馋。通过对消费原因的分析，我们了解到学生追求绿色营养健康的消费观点，因此我们可以将店铺定位为这些理念。只有了解这些，才能抓住消费者的心理，来吸引学生消费。

从数据分析来看，38%的学生吃水果注重的是自身的健康，29%的学生则是因为水果本身的营养价值，还有一部分人（占 20%）则是因为自己的偏好，而出于美容减肥的分别占 19%、15%。

（四）需求特点分析

气候的特点，在一定程度上决定了消费者的购买需求特点。夏天炎热干燥，人体严重缺少水分，所以水果为最佳选择，有 31%的消费群体偏向于在夏季购买水果吃，28%的认为春季是最佳的吃水果季节，24%的则选择秋季，17%的选择冬季。

三、水果市场竞争状况分析

为了明确在我校开设水果专卖店是否具有竞争优势，我们进行了以下调查。

（一）学校水果专卖店竞争状况

时尚、美味、营养、健康是现代人极力追求的，水果便成为这个时代的必需品。目前市场上，水果店和水果摊位随处可见，琳琅满目的商品基本上能满足消费者的需求。

高速发展的今天，各种大大小小的连锁超市数量众多，各个商家经营的品种比较接近，只是由于资金、实力等因素，大型超市经营的品种更多。仅凭商品的质量和价格使企业获得竞争优势的时代已经过去，随之而来的不再是简单的价格竞争，而是在经营运作过程当中全面的复合型的竞争。

通过本次调查，我们发现随着温度的升高，水果受欢迎程度越来越高，消费者对其消费需求也越来越大，所以我认为水果消费市场在校内应该会有扩大的趋势。而这种竞争势必会随之而来，周边各个大小的店或摊位将会是最大的威胁，为了消除这种令人担忧的威胁，在校内我们必须要形成自己的竞争优势和自己的销售特点。

（二）主要竞争者

如今，我们学校有两处小店和一个经贸实训基地以及两处食堂餐厅。同时校外有多处小店和一家大型购物中心，因此，这片市场的潜力并不是很大。应通过与其他竞争争取原本就常常去小店消费的主要客户群体，从而确定我们在学校的一席之地，在拥有属于自己稳定的客户群之后，再依靠自身的销售特点来吸引新老顾客。

根据调查结果，48%的学生会选择在正规的水果店购买水果吃，30%的在校外超市消费水果，而在流动摊点购买的为 20%。这说明我们在校内开设一家水果店的优势极大，这样能够为学生即时提供新鲜可口的水果吃，足不出校就能满足消费者的需求。

（三）校内水果专卖店的竞争优势

为了使校内水果专营店能够富有特色地经营下去，我们必须提高自身的竞争优势，为此我组讨论方案如下：

1. 在保证质量的条件下，降低成本，获得价格上的优势。

2. 保证水果新鲜程度。

3. 要服务好消费者，顾客买的不仅是我们产品，还有我们的服务。

4. 始终要秉承绿色环保健康的销售理念。

5. 展示店内最好的特色，以便于获得销售基础。

四、大学生创业优劣势分析

（一）大学生创业优势

由于创业者本身是大学生，所以他们自身就有一个很好的优势，他们很清楚大学生的消费需求，能够抓住大学生的消费心理。

在校内开水果店不失为创业的最佳途径，开设成本也相对较小，硬件条件低，市场难度小，所以，这次创业便是一个很不错的创业机会。

（二）大学生创业劣势

1. 资金缺乏

作为在校的大学生，大多数的同学都是依靠父母的，那些在课余生活中外出打工的学生，打工所得多数也是作为自己平时的零花钱的补贴。因此对于大学生创业而言，最大的劣势就是资金缺乏。而资金对于创业来说是首要的因素，没有资金就谈不上创业了。

2. 缺乏社会经验

由于大学生社会经验不足，常常盲目乐观，没有充足的心理准备。对于创业中的挫折和失败，许多创业者感到痛苦茫然，甚至沮丧消沉。此外，由于大学生对市场、营销等缺乏足够的认识，很难直接胜任企业经理人的角色。再者就是大学生对创业的理解还停留在想法与概念上，不明白创业必须有一整套细致周密的可行性论证与实施计划。以上种种在观念上和社会经验上的不足，都是我们大学生创业的劣势。

3. 缺乏创业精神

大学生大多是独生子女，是家庭的中心，父母尽一切可能满足他们的一切要求，使得这一代的大学生过着衣来伸手、饭来张口的极度优越的生活，他们在一定程度上缺乏吃苦耐劳的精神。另外，部分大学生急于求成，性子急躁，眼高手低，好高骛远，看不起蝇头小利，往往大谈“第一桶金”，不谈赚“第一分钱”；喜欢纸上谈兵，创业设想大而不当，市场预测普遍过于乐观，这些都阻止了他们创业的步伐。

五、市场调研结论

以上的调查总结，很好地说明了开设校内水果店的方案是可行的。研究结果显示，其优势大于劣势，机会优于威胁，校内市场广阔，消费群体范围广，客户群体稳定。实施该方案，不仅能在学校开辟一片广阔的市场天地，而且还能为学生创造很好的创业环境。

三、撰写农产品策划书

众所周知，中国自古以来就是以农业为主的国家。而如今，我国更是世界农产品生产大国。无论经济发展得如何迅猛，生活发生了多么巨大的变化，农产品依旧是国人日常饮食中最基本，且消费频率最高的产品。

（一）农产品营销背景

我国的农产品交易市场在经历了几十年高速增长和规模扩张后，正逐步由数量扩张发展向质量提升，流通规模上台阶，商品档次日益提升，市场运行质量日趋良好。随着我国经济的不断发展，人民生活质量不断改善，人们对于农产品的需求日益增加。但由于企业产品定位以及由定位所采取的营销策略的失当，该产品在行业竞争中处于不利地位，存在市场占有率下降、品牌知名度不高等问题。

（二）我国农产品市场的现状

（1）农产品市场建设发展迅速。我国农产品批发市场不断发展，类别多，农产品市场，数目基本稳定，交易额稳步上升。

（2）农产品批发市场成为农产品流通的主渠道。基本形成了以城乡集贸市场、农产品批发市场为主导的农产品营销渠道体系，构筑了贯通全国城乡的农产品流通大动脉。

（3）农产品营销中介发展活跃，各种农产品购销主体如个体户、专业户、联合体不断发展壮大。依托这些活跃在城乡各地的农产品营销中介组织，一家一户的小规模生产和大市场实现了对接，有效地缓解了农产品卖难的问题。

（三）对产品市场影响因素进行分析

1. 宏观环境（PEST）分析

政策（P）：国家大力支持农业发展，对农业科技投入较大，对一些农业项目提供许多优惠的政策。

经济（E）：近年来，国家和各地区的经济快速平稳增长，人们的可支配收入越来越多，高端农产品的市场也越来越广阔。

社会（S）：市场的认可规模大，食品安全一直是人们高度关注的问题。

技术（T）： 一些农业院校和科研机构给予了很大的支持。

2. 消费者分析

（1）消费者消费的总体态势：影响农产品的因素主要有传统习惯、个人偏好、收入、营养知识和产品品质以及销售服务等。

（2）消费者分析：就当前我国农产品市场而言，国外品牌占有很大的市场份额。但是，由于我国农业科技的发展，消费者选择日益增多，单一的市场将面临分割。

（3）寻求需求：① 加大宣传力度，保持人们固有的饮食习惯。打造消费者信得过的品牌。② 厂家应改变销售手段，改善销售渠道，转变经营观念。③开发潜在消费群体和场所。

3. 品牌定位

众所周知，品牌决定了一个产品的延伸度，因此我们要认识和定位公司品牌，做到知己知彼，准确定位，它在带给消费者物质享受的同时，还带给消费者一定的精神享受。品牌的这种非凡功能构成了品牌农产品所特有的市场竞争力。

（1）品牌文化的深度：做农业产业化龙头企业，创农产品精品品牌。

（2）产品包装元素：无公害、安全食品，力求高档次包装，突出产品高档定位。

（3）产品线的设置：主打高档农产品礼品，兼顾中档产品的研发引进和市场推广。

4. 营销策略的差异化

侧重团购渠道的开发，利用电视媒体节目为载体提供我司产品进行赞助宣传公司形象，从而吸引目标消费群体对我司的认知度，同时大力发挥网络营销的作用，利用电子商务网站及公司官方的网站进行产品直销。

（四）营销战略（4P's 战略）

1. 产品策略

（1）产品定位：考虑到产品的成本，同时为了突出产品的质量，我们可以从一开始向消费者推广时实行相对合理的中高价策略。

（2）包装设计：根据不同消费人群的特点进行不同的包装设计，如以动感、新潮和活力的包装来主打青少年市场，对儿童市场可以以一种可爱的包装进入。

（3）在品牌策略上主要推行单一品牌多种产品的品牌策略。

2. 价格战略

（1）设计分级价格销售。根据产品的不同子产品的营养价值的不同，设定不同的价格，以满足处于不同消费水平的消费群体。

（2）拉大批零差价，调动批发商、中间商积极性；给予适当数量折扣，鼓励多购。

3. 渠道策略

农产品营销渠道的选择策略，不仅要求保证产品及时到达目标市场，而且要求选择的销售渠道销售效率高，销售费用少，能取得最佳的经济效益。

（1）农产品批发市场的价值链有待延伸，走垂直一体化道路。一方面有助于寻找到新的利润点，开拓发展空间，快速做大做强。另一方面也可以有效减少渠道环节，稳定并降低市场价格，有助于提高农产品流通效率，对于保护生产者利益和消费者福利也有着积极意义。

（2）改造升级原有的渠道组织，提高流通效率。主要是要对当前农产品流通的主要载体——批发市场和农贸市场进行改造。批发市场在交易方式、治理模式、服务功能等方面要进行完善和发展，提高流通效率，扩大流通半径，使之满足地区间农产品大规模流通的需要。

（3）加强对渠道体系的梳理和调整，提高渠道绩效。政府相关部门采取各种措施对包括农产品生产、流通、销售、加工、消费等各个环节在内的整体渠道链条进行梳理再造，消除农产品流通不畅的瓶颈制约，使得各个环节都能够顺畅高效运转，提高其整体运营效率。

（4）发展国际化营销渠道，把国内的产品销售出去，解决国内农产品卖难现象。同时采取网上销售、远程运输等现代营销手段，激活流通，拓展市场。

4. 广告战略

充分利用各种广告传媒，比如电视、报纸、广告牌、网络等。在电视广告上，以情景剧与著名栏目赞助的形式做形象和产品推广广告；在网络方面，可以在网页上插入销售广告；在报纸刊登代理广告；在车站的站牌上张贴海报等。

此外，除了传统的促销方式，我们还可以采取新形式，比如适当进行公益营销，以不同功效的产品帮助不同需要的人群，支助养老院和孤儿院以突出产品的养生和益脑功能；参加地方食品文化节，促进产品的推广销售；同时还可以在校园内赞助活动，举办营销大赛，扩大产品的销路和销量等。

农产品促销有广告推广、人员推销、关系营销、营业推广四种形式。在进行农产品营销的时候要灵活运用促销策略，与顾客建立长期关系，培养一批忠诚的顾客群体。

（五）农产品营销的新产品开发策略

新产品开发过程一般包括新产品构想的形成、新产品构想的筛选、概念产品的形成与检验、经营分析、制出样品、市场试销、正式生产投放市场。

新产品开发是从营销观念出发所采取的行动，因此首先必须要适应社会经济发展需要，试销对路的产品。没有市场的产品，对企业而言再新也没有意义。消费者对新颖农产品需求，使一个产品品种多样，成了新的消费动向，因此，新产品要有自己的特色，适应和满足消费者需求的新变化。

（六）农产品绿色化策略

农产品绿色化营销策略是伴随严重的环境问题而产生的。所谓绿色营销，指以促进可持续发展为目标，为实现经济利益、消费者需求和环境利益的统一，市场主体通过制造和发现市场机遇，采取相应的市场营销方式以满足市场需求的一种治理过程。目前，各国民众日益重视食品安全，环保意识迅速增强，回归大自然、消费无公害的绿色食品已成为人类的共同向往。绿色农产品有利于增强人民体质，改善生存环境。当今世界，人们对绿色农产品越来越青睐。世纪之初，我国已全面启动“开辟绿色通道，培育绿色市场，倡导绿色消费”的“三绿工程”。我们要牢牢抓住这一机遇，奏响绿色主旋律，大力发展无公害蔬菜、畜和蛋类产品。我们要把握机遇，发展农产品的绿色营销。

【任务训练】

某生态水果种植基地想了解生态水果在市场上的需求程度及客户对生态水果的认知及期待，请你帮它设计一份调查问卷实施调查、撰写调查报告及策划书。

【任务拓展】

问卷设计注意事项

1. 问卷的开场白

问卷的开场白，必须慎重对待，要以亲切的口吻询问，措辞应精心切磋，做到言简意明，亲切诚恳，使被查者自愿与之合作，认真填好问卷。

2. 问题的字眼（语言）

问题所用的字眼必须小心，以免影响答案的准确性。一般来说，在设计问题时应留意以下几个原则：

（1）避免一般性问题。

（2）问卷的语言要口语化，符合人们交谈的习惯，避免书面化和文人腔调。

3. 问题的选择及顺序

问卷中问题的顺序一般按下列规则排列：

（1）容易回答的问题放前面，较难回答的问题放稍后，困窘性问题放后面，个人资料的事实性问题放卷尾。

（2）封闭式问题放前面，自由式问题放后面。由于自由式问题往往需要时间来考虑答案和组织语言，放在前面会引起应答者的厌烦情绪。

（3）要注意问题的逻辑顺序，按时间顺序、类别顺序等合理排列。

任务二　营销策划实施实训

【任务描述】

作为农产品营销人员，当我们有丰富的农产品资源时，如何根据农产品的特征制定营销策略？首先要对农产品的营销环境进行分析，准确把握农产品的目标市场及市场定位，其次科学使用 4P 策略，最终才能制定出适合农产品的营销策略，满足市场需求，达到经济效益目标。我们又如何进行农产品形象推广呢？农产品的形象推广十分重要，它是传递产品的品牌价值、展现品牌独特个性、增强农产品知名度和良好声誉的必要手段。通过品牌形象推广，消费者能够见品牌如见产品，从而提升农产品的销售业绩与品牌价值。

【任务目标】

- 运用营销相关理论知识制定农产品营销策略
- 运用营销相关理论知识进行农产品形象推广

【任务学习】

一、制定农产品营销策略

中国是农业大国，人民的饮食问题是实现我国农业增效、农民增收、经济发展、社会进步、国家强盛的根本保障。面对竞争的日趋激烈，机遇和挑战并存。国家政策要坚持发展农业，建设新农村。实现农产品由数量扩张到质量效益的转变，必须依靠科技进步、按照市场需求变化，调整优化农业结构和品种布局，提高品质和产品档次，培育和发展优势产业、特色产业，积极推行深加工和增值，稳定提高种植业效益，创新营销思路与模式，适应现代市场的需求变化。

随着人们物质生活水平的提高，人们对农产品的关注度也越来越高，农产品有着巨大的市场潜力。根据国内的实际情况，我国对农产品市场进行了大规模的改革，以满足人们对农产品的需求，并力争将市场与现代化设施相匹配，形成管理高效互联网一体化市场。

下面以四川松柏生态农业有限公司勤巴脆李营销策略为例。

（一）宣汉县脆李市场营销的环境因素

1. 国家政治经济方针政策及现状

随着农村产业结构调整的深入，乡村振兴战略不断推进，传统农业向现代农业转型，果树生产逐渐成为农村增收致富的主要产业之一。宣汉县近几年脆李产业发展较快，既丰富了鲜果市场，又为“三农”增收增效。脆李产业是宣汉县的特色果树产业之一，据统计2019年全县脆李种植面积达19.2万亩①，脆李年产量21.12万吨，收入3.6亿元以上，脆李的经济、社会、生态效益显著，而且区域经济、绿色经济、特色经济日益突显。

2. 地理环境分析

宣汉县生态条件良好，土地资源丰富，发展脆李产业潜力巨大；县雨量充沛，气候温和，年均气温16.8摄氏度，年降雨量1 300毫米左右，无霜期296天以上，无污染厂矿企业，空气质量良好，适合脆李生长发育；县内有襄渝铁路、达陕高速、达万高速以及宣双公路、210线、宣开公路、宣成公路，交通四通八达，能横贯脆李产业基地所在地，辐射范围广，有利于产品和生产物资的运输；脆李早、中、晚熟品种繁多，再加上脆李品种在本省具有广发的适栽性，无论房前屋后还是田边地角都能栽植，且具有较强的抗逆性，十分便于管理。特别是宣汉毛坝镇，位于四川省宣汉县东北大巴山南麓，五马林场怀抱整个乡镇，天然的原始森林提供了丰富的负氧离子和水资源。

3. 人力资源丰富

宣汉人口总数130万人，年龄结构发生变化，中老龄人口增加，外出务工人员减少，劳动力充足，加之宣汉职中农村经济综合管理和种植专业学生2 000多人，专业教师100余人，能充分提供技术和管理支持。

（二）勤巴脆李的目标市场及市场定位

1. 确定目标市场

通过充分的市场调研和环境因素分析，四川松柏生态农业有限公司（简称松柏公

---

① 1亩≈666.67平方米。

司）勤巴脆李的目标市场可以调整为中高收入人群和喜欢到乡村休闲的顾客。

2. 市场定位

首先，松柏公司可以发展皇冠李、高山青脆李，秉承科学、生态种植理念，着力建设万亩脆李产业示范区，树立脆李行业标杆，打造国家级农产品知名品牌，集农副产品生态、生产、旅游康养、研发、销售为一体的脆李全产业链企业。

其次，由于脆李品种繁多，成熟期不同，既满足不同季节市场销售，又满足不同消费人群对脆李果品的需求，脆李产业在发展过程中，始终坚持“加强过程控制，强化流程管理，强化规范意识”的原则，提高标准化管理水平。大力推广应用“合理密植、配方施肥、整形修剪、适时促花、花期放蜂、疏花疏果、保花保果、叶面喷肥、平衡调控、绿色防控”等综合配套栽培技术措施，并不断进行完善。

（三）勤巴脆李的4P’s策略

松柏公司成立于2016年4月，目前公司在宣汉县毛坝镇已流转土地6 000余亩。

松柏公司计划经营青脆李，公司设立了技质部，十分重视优质技术和科学种植，我们先后同宣汉县农业局和四川省农科院、四川省宣汉职业中专学校建立了长期技术合作，集成应用了脆李品种选育技术、标准化生产技术、农机农艺融合技术、提质增效与节本增效技术、测土配方施肥技术、病虫草害绿色防控技术、有机食品生产技术等。脆李生产严格按A级绿色食品和有机农产品两个标准执行，现拥有脆李生产园区19个（6 000余亩）、脆李品种试验园（50余亩）。松柏公司下一步将围绕“农文旅融合”发展思路，以“创新脱贫攻坚举措，确保群众永续增收”为目标，以万亩脆李产业示范园为基础，着力壮大园区产业规模、树立脆李行业标准，大力发展乡村旅游，突出精品线路，全力打造集康养休闲、生态旅游为一体的山水田园综合体。

1. 产品策略

（1）优化完善农产品品质，树立产品品牌形象。

宣汉县平均海拔780米，最高2 458米，勤巴脆李基地海拔800～1 500米，青脆李适栽海拔400～2 000米，1 000米以上海拔口感最佳。宣汉森林覆盖率60%以上，野生植物3 000余种，野生动物400种，生态环境保护得很好。勤巴脆李基地生态环境优势得天独厚，产地优势，产品优越。

李花怒放一树白，遥望疑似春飞雪。6 000余亩脆李园区，李花相继开放，孕育丰收的希望。为提高勤巴脆李品质，公司秉持的理念是坚持人工除草，科学管理，并设立多个观测点随时科学制订管理方案。各园区每日观测点汇总如表5.1所示。

表 5.1　四川松柏生态农业有限公司各园区每日观测点汇总表

日期：2020 年 3 月 27 日　　天气：小雨转阴，8～16 °C（宣汉天气预报）

片区	园区	观测点	观测区载	海拔 /米	主杆粗度 /cm	观测时间	花生长	果子生长	枝叶生长	虫害情况	病害情况	树损伤情况	天气情况		面貌情况
二片区	$5^{\#}$	观测点 1	徐其伟房下	675	8～10	17:08	谢花 100%	花磷未完全脱落	7～8 片	无	无	无	2～3 级	小雨	正常
		观测点 2	谭神田		8～11	16:09	谢花 100%	花磷未完全脱落		无	无	无	2～3 级	小雨	正常
		观测点 3	荒家岩	670	8～10	16:51	谢花 100%	花磷未完全脱落	叶芽 5 cm	无	无	无	2～3 级	小雨	正常
	$9^{\#}$	观测点 1	公司对面	1080	8～10	16:24	谢花 30%	无	叶芽 3～4 cm	无	无	无	3～4 级	小雨	正常
		观测点 2	五同庙	1094	8～12	17:20	谢花 30%	无	叶芽 3～4 cm	无	病芽	无	2～3 级	小雨	正常
		观测点 3	陈文奎房前	1130	8～11	17:08	谢花 30%	无	叶芽 3～4 cm	无	无	无	2～3 级	小雨	正常
		观测点 4	袁家河	1146	6～8	16:37	盛花期	无	叶芽 3～4 cm	无	无	无	东北 1～2 级	小雨	正常
	$10^{\#}$	观测点 1	井坝		8～10	17:20	谢花 95%	花磷未完全脱落	叶芽 5～6 cm	无	袋果病	无	东南风 2～3 级	小雨	正常
		观测点 2	羊儿邦	896	8～11	18:05	谢花 75%	花磷未完全脱落	叶芽 3～4 cm	无	袋果病	无	北风 2～3 级	小雨	正常
		观测点 3	罗大湾	882	9～11	18:02	谢花 85%	花磷未完全脱落	叶芽 4～5 cm	无	袋果病	无	东南风 2～3 级	小雨	正常
		观测点 4	徐姓林	861	8～11	17:04	谢花 90%	花磷未完全脱落	叶芽 4～5 cm	无	袋果病	无	东南风 2～3 级	小雨	正常
	$11^{\#}$	观测点 1	中平	945	9～12	16:30	谢花 100%	花磷未完全脱落	叶 2 寸	无	无	无	北风 2～3 级	小雨	正常
		观测点 2	谭家湾	1037	8～10	18:02	谢花 30%	无	叶芽 1 寸	无	袋果病	无	东北风 2～3 级	小雨	正常
		观测点 3	赵家湾	1008	8～10	16:43	谢花 90%	花磷未完全脱落	叶芽 1 寸	无	无	无	东北风 2～3 级	小雨	正常
		观测点 4	马儿坪	1083	8～10	17:30	谢花 40%	无	叶芽 2 寸	无	无	无	东北风 2～3 级	小雨	正常
		观测点 5	海林沟	1153	8～11	16:59	谢花 80%	花磷未完全脱落	叶芽 1 寸	无	无	无	东北风 2～3 级	小雨	延长头吹号
		观测点 6	抖抖岩	1036	8～11	18:20	谢花 50%	无	叶芽 1 寸	无	无	无	东北风 2～3 级	小雨	正常
	$12^{\#}$	观测点 1	河马林	1124	7～10	16:23	谢花 100%	花磷未完全脱落	叶芽 2～3 cm	无	无	无	北风 2～3 级	小雨	正常
		观测点 2	周家岩	1170	8～12	18:23	谢花 80%	花磷未完全脱落	1～2 cm	无	无	无	西北风 4～5 级	小雨	正常
		观测点 3	中间塝	1179	8～12	17:41	谢花 90%	花磷未完全脱落	叶 1～2 cm	无	无	无	西北风 4～5 级	小雨	积水
		观测点 4	代家	1220	7～10	16:51	盛花期	无（皇冠李）	叶芽 1～2 cm	无	无	无	西北风 4～5 级	小雨	水沟积水

全园区都采用一层开心形，通光透气性较好，减少异化作用，让果子能够得到充足养分而使得果子品质更高。树形优美，如同景观，可供观赏。

人工锄草，园区杂草平均长到30厘米左右就进行处理，可减少园区湿度和病虫害藏匿场所，保持土壤湿度达到50%左右，更有利于果树健康生长。

花前复剪，对过长和过多的挂果枝进行复剪，减少对李树营养的消耗，保证果子质量。

每年李果成熟期都会出现暴雨天气，为更好地保证产品不受裂果影响，公司选择试验点搭建好避雨设施，提前做好试验工作。

（2）使用植保无人机，助推现代农业发展。

使用无人机进行园区保花保果药防作业，具有高质量、高效率、低成本的优点。无人机一般不受地形环境和植株高度的影响，可在平地、坡地、丘陵作业，通过地面工勤辅助，能高效完成作业，还可实现夜间作业。作业时，无人机旋翼产生巨大的向下旋力，能推动农药雾流对作物从上向下穿透，雾化效果高，能精准、均匀地喷洒于植株各个部位，相比人工喷洒，药物利用率可提升40%，工作效率提高3倍以上，一台植保无人机每天作业面积200余亩。

（3）开发多样化、个性化需求。

松柏公司现产出“皇冠李”，每年三月开花，果实成熟期在7月中旬至8月上旬。果实卵圆形，果面淡黄色，果顶一侧微突，缝合线明显。平均单果重55克，最大85克；果肉淡黄色，可食率97.88%；肉质细、清脆爽口，汁液中多，味甘甜，离核，品质优异。

“青脆李（早、中、晚熟）”每年7月中旬到8月上旬成熟，成熟前为鲜青色，成熟后为鲜青黄色，适宜海拔高度600～800米，单果重35～55克，果实圆形，果面有少量果粉，全果面青色，口感松脆、化渣、核小而肉厚，可溶性固形物含量14%～21%，无涩味，果肉硬韧，风味甜香，是人们喜爱的脆李品种之一。可鲜食，可制成罐头、果脯，全年食用。

（4）借助于包装形象、文字说明、生动展示产品本质。

我们发现，目前大多数的农产品包装缺少让人眼前一亮的感觉，很多产品选择塑料袋或者瓦楞纸箱，甚至产地和品牌名称都没有标明，这样的包装往往让人感觉档次低，高端的消费群又怎会喜欢上这样的产品呢？产品的包装要和产品的优良品质相匹配，这样才能相得益彰，塑造品牌价值。研究发现，一个产品的价值60%来自包装，因为消费者有时候并不了解产品本质，往往借助于包装形象、文字说明、生动展示才能感觉到，这一点却是许多农产品经营者所忽视的。

2. 价格策略

（1）通过创新提高商品的理解价值。

好产品还要会吆喝，现在很多高品质的农产品销路不畅的主要原因就在于宣传力度不足，一句鲜明的广告诉求可以唤起消费者的注意，引起他们的购买冲动。目前，宣汉苗安的脆红李 10 元/kg，勤巴脆李因为产地、品质和文化可以销售到 100 元/kg，消费者就会产生好奇，都想尝到口感更好的勤巴脆李。

（2）产品差异提高商品价格。

我们必须挖掘农产品本身的特色，对当地的自然环境和文化背景进行诉求，尽量突出人无我有、人有我精、人精我异的特色。结合勤巴脆李产业园区“姚氏宗祠”的文化底蕴，打造“从颂扬舜帝及其后裔名人一生的丰功伟绩”之地产出，发掘和塑造产品独特的价值，并把它传播出去。

3. 分销渠道创新是出路

现在许多农产品都希望进入现代零售渠道，如卖场、超市、便利店等，事实上，这些渠道因为门槛较高，进场费、促销费高昂，还有长期限制，甚至拖欠款，对许多农产品来说并不是有效的渠道。

（1）自建终端，联合开设专营连锁店。

根据产品线的结构，或者和区域内的其他农产品企业联合起来，自建终端，开设专营连锁店，也是一种非常好的模式。事实上，已经有诸如云南、新疆特产小店开设，生意很好，只是缺少系统的规划和终端零售的完善。

（2）建立高端零售专卖店。

积极响应国家号召，以“六向融合”模式为指导，在做好脆李生产、加工、销售等各环节的同时，也在对园区景观打造进行规划。拟通过公司的地理环境特色和园区的生态农业特色，配以五马归槽景区旅游特色，逐步完善乡村旅游、民宿、餐饮、休闲、娱乐、康养等方面的配套设施建设，来推动延伸产业的落实落地，服务周边农户，助力乡村振兴。

（3）借用其他消费场所推广销售农产品。

对一些高端的农产品，我们不妨选择酒店、商务会所、俱乐部、机场、饭店、美容院等高端场所进行深度推广。当然，宣汉本地的巴山大峡谷 AAAA 级风景区、毛坝的五马林场生态康养基地、五马归巢漂流也是推广产品的优质选地。

（4）充分利用网络销售渠道销售农产品。

通过直播媒介形式，把勤巴脆李的种植特色、产品特色、公司文化直观地呈现给消费者，勤巴脆李的基地坐落于大山上，山清水秀，鸟语花香，农家气息味足，非常适合户外直播，更能把基地特色、人文气息清晰地传达给消费者，以此增加消费者对勤巴脆李的信赖。

4. 现场体验和产品品鉴发布会

勤巴脆李品牌影响力，需要通过线下的商品发布会、国际特色农产品博览会进行参展宣传，通过实地采摘、旅游、度假一体式体验进行宣传推广；而线上需要通过权威媒体宣传品牌，同时还要与国家时事政策接轨，塑造品牌形象。

（四）农产品溯源

通过农产品溯源系统，清晰记录勤巴脆李生长的每一个环节，种植过程、施肥过程、药防过程、销售过程都能够全方位地呈现在消费者面前。同时还得到了县质监部门有效的监督，避免虚假、夸张宣传。通过溯源，让消费者能够放心大胆地食用勤巴脆李，打消消费者对勤巴脆李是否是绿色食品的顾虑。

二、农产品品牌形象推广

下面以宣汉徐鸭子（手撕鸭）品牌形象推广为例。

徐鸭子（手撕鸭）是四川宣汉地方名菜之一，采用大巴山深处百里峡土家族人放养的土鸭子，经徐代建继承传统工艺，通过多年反复实践创研出来的具有独特风味的佳肴食品，也是本市县的龙头企业之一。

1. 徐鸭子区域品牌形象

“徐鸭子”手撕鸭采用传统配方，在独特工艺上结合现代新技术、经过二十多道工序精制加工而成，选料精细（巴山纯土鸭），风味独特，香彻透骨，色鲜味美，油而不腻，高温杀菌，真空包装，是赠送亲友、外出旅游、居家生活的美味佳肴。

2. 徐鸭子品牌战略模式

徐鸭子是采用宣汉县前河上游土家族地区自然放养的土鸭和纯正中药材香料及大巴山特产的草药香料，经过徐氏几代人创立并不断丰富，经传统工艺制作而成的食品，色鲜、味美，油而不腻、香彻透骨、肉质酥嫩、风味独特。徐鸭子传统制作技艺的生产工艺十分复杂而讲究，是川东人几百年积累的结晶，是难以用现代工艺流程所取代的工艺价值。近年来，徐鸭子传统制作技艺的兴盛，带动当地农民家禽业迅猛发展，解决了不少当地农民就业，促进农民增收，引领农民发家致富。

3. 饱含情感的品牌故事

2008 年 5·12 汶川大地震发生后，徐代建从电视上目睹了灾区的惨状，心急如焚。“大灾面前要有大爱。”当天晚上，徐代建安排工人开始连夜加班生产。5 月 14 日一早，他将赶制的 350 箱成品鸭子全部装车，亲自送往都江堰灾区。在前往灾区的路上，余震不断，暴雨倾盆，随时都面临着塌方和飞石的危险。徐代建没有停止前行的脚步，脑子里只有一个念头：“不管道路多艰险，余震多么严重，就是想把鸭子早点送到灾情最严重的地方去，送到灾民的手中。”经过 8 个多小时的艰难行进到了都江堰市，此时，前往汶川的道路已无法通行。当时灾区还没有成立专门的救灾物资接收机构，都江堰市委接收了捐赠。就在那一天，许多救援人员和灾民第一次吃到了千里之外“飞”来的“爱心鸭子”。

4. 发挥“无声推销员”的作用

包装是农产品品牌的“无声推销员”，是品牌的设计环节之一，是品牌推广的最后一步，要将设计发挥得淋漓尽致，并表现出来，达到设计与品牌的双剑合璧的效果。

5. 运用新媒体营销

新媒体具有传播速度快、高效、互动性强、实时共享等特点，所以可以充分运用新媒体在全球范围内实时发布和接收产品信息，第一时间推出农产品品牌，增加品牌的认知度和知名度，增加品牌的人气和粉丝。

（1）借助网络平台传播。

（2）扩大销售渠道。

随着生活水平的提高，人们对品牌意识的概念也越来越强，消费者对于品牌的追求也愈加强烈，品牌竞争时代宣告来临，塑造并提升品牌形象已经成为一个重要的发展战略。从需求方面来看，消费者对品牌有了更高的要求，无论是在品质上还是外在的包装形象上，既要有品质又要有个性、有新意、有文化，这在一定程度上推动农产品加快品牌建设的步伐。从供给方面来看，农产品品牌建设活动相继展开，产品的标准化、产业化进程加快，更加成熟，品牌建设颇有成效，涌现出了一批具有一定影响力的品牌，林业农产品从“销售时代”进入“品牌时代”。

【任务训练】

请你结合本地农产品制定营销策略并进行企业形象推广。

【任务拓展】

农产品品牌形象推广

1. 品牌形象的内涵

对于品牌形象的探讨，最早是在美国兴起了有关品牌形象的理论。“品牌形象”这个概念是西德尼·莱维1955年提出的，是品牌构成要素在人们心理上的综合反映。当时的品牌形象研究重点是运用广告营销来提升产品销量，人们对品牌形象的认识着眼于能影响品牌形象的价格、包装、声誉这些因素上。随着生活水平的提高，消费者越来越重视产品的精神和审美方面，因此对品牌形象的研究更加广泛，更加紧随时代。

2. 品牌形象的构成要素

品牌形象可以分为内在形象（具体包括产品形象及文化形象）和外在形象（品牌给消费者留下的感知印象，如品牌标志、品牌信誉以及消费者对品牌的认知和评价等）。

3. 农产品的推广方式

农产品的形象推广十分重要，是传递产品的品牌价值、展现品牌独特个性、增强农产品知名度和良好声誉的必要手段。推广农产品的品牌形象，能够有效地降低生产者在生产农产品上投入的风险，有效提高农产品在业界的知名度和美誉度，确保农产品渠道畅通以及稳定的销量，有利于降低市场风险，随之增加生产者收入，在推广农产品的品牌过程中，能够使供应链完整、具体和完善，提高在市场的效能，提升农产品的市场竞争力；品牌推广为消费者提供甄别农产品质量的重要信号，节约购物时间、精力，节省消费者成本，还增加了产品价值和品牌形象价值，这让顾客获得了更好的价值体验，从整体上使顾客对产品的性价比感到满意。

4. 农产品形象推广的决定因素

（1）农产品本身。

农产品本身的特点是品牌形象推广的“卖点”，即消费者是否购买的理由。例如普洱茶“刮油养胃”，绿壳鸡蛋营养价值高、绿茶防辐射等。信阳毛尖品质优是因为其特殊的气候和土壤条件，五常大米好是因为其产地水质有利于谷物生长。

（2）品牌定位。

品牌推广方式必须与农产品品牌的目标定位相一致，进一步提高推广的效果，促进品牌知名度的增长，都要以目标人群为依托，让品牌走向高端化的轨道。

（3）遵循由近及远原则。

农产品受地理位置、水质土质、气温气候等自然条件的影响，其本身在品质、口感上会有或多或少的差异，另外运输条件的不确定性也对农产品的销售和消费产生影响。因此在对农产品进行推广时，建议实行“本地带动、周边辐射、由近及远、循序渐进”的推广战略。既符合实际，又节省开支。

随着生活水平的提高，人们对品牌意识的概念越来越强，消费者对于农产品品牌的追求也愈加强烈，现如今农产品的市场空间逐渐扩大，正是中国农产品建设宣传的黄金时间段。

模块三

农产品新营销

项目六 主题节庆营销

任务一 国内主题节庆营销

【任务描述】

假如你是一位经营农产品的个体户，当各类节假日纷至沓来，你该如何利用这些主题策划一些营销活动，使农产品更畅销？要实现这一目的，就要学习掌握国内主题节庆营销的概念、关键及模式，同时了解一些经典案例。

【任务目标】

- 掌握农产品主题节庆营销概述
- 掌握国内主题节庆营销关键和模式
- 掌握国内主题节庆营销案例

【任务学习】

我国有很多传统节日和特色节庆，如中秋节、端午节、元旦、春节等，也有漂洋过海来的“洋节日”，如西方情人节、圣诞节等。与此同时节庆也带动了市场需求的增加，作为最接地气的农产品，也有不少“成员”已经搭上了节日的班车，准时出现在节日当中，如圣诞节的苹果、情人节的鲜花、中秋节的大闸蟹以及走亲访友时候的鸡蛋、奶制品、有机瓜果蔬菜等。这些农产品，一方面本身具备美味和营养价值，另一方面也蕴含着平安、尊老等祝福。因此，节庆营销成为中国农产品品牌传播的重要途径。

一、主题节庆营销概述

（一）农产品主题节庆营销概念及分类

农产品主题节庆营销是指运用市场营销的基本原理，在节假日或者盛大庆典时开展农产品的经营活动、销售行为的过程，是有别于常规性营销的特殊活动，它往往呈现出集中性、突发性、反常性和规模性的特点。

我国的节庆可分为三大类：传统节日、西洋节日和特色节庆。

传统节日指的是在悠久历史中形成并固定下来的节日，例如端午节、中秋节、重阳节等。传统节日带有天人合一养生文化内涵和动植物生长周期科学内涵，已经形成习俗。因此，传统节日对老百姓的生活和消费方式、消费习惯产生了重要影响。

西洋节日指的是在我国走向现代化和国际化的过程中，西方的文化、生活方式一起被引入，在中西文化的融合下形成固定的习俗的节日，如西方情人节、圣诞节等这些节日对年轻人的影响力非常大。

特色节庆指的是由政府、企业等举办的节庆活动，大致可以分为工业产品节、地方物产节、自然景观节、人文景观节、历史文化节、生产活动节、休闲娱乐节等。而农产品品牌的特色节庆，大多属于地方物产节，例如西瓜节、苹果节、农业嘉年华等。

（二）农产品主题节庆营销的优点

（1）对农产品品牌本身来说，是一个质的提升，不仅仅促进了销售，更重要的是占领了本区域同类产品或者本品类在全国的文化和品牌高地，极大地提升了品牌的文化内涵和品牌高度，同时，也带动更多的商业资源向区域或者企业聚集，为农产品品牌的高速发展提供了动力。

（2）为地方的经济做出贡献，一些农产品企业主办的特色节庆规模很大，影响力很强，成立所属区域的“金名片”，为地方经济注入新的活力，拉动当地的供应制造、商贸流通、城市建设、商业文化、旅游住宿、交通运输、餐饮娱乐等行业的发展，形成良性的互动。

（3）极大地丰富了农村的文化生活，浓郁的农村乡土气息和对农业生产状态的原始呈现是农产品特色节庆不同于其他节日的最大特点。举办农产品特色节庆活动，对农村文化进行了创造性的继承和发展，极大地丰富和活跃了农村的文化生活。

二、国内主题节庆营销关键和模式

（一）国内主题节庆营销关键

1. 研究节庆特点，注重文化特色

研究和挖掘消费者的节日消费心理行为、节日市场的现实需求和相关产品的特色所在，并制定出行之有效、颇具节日特色、适应节日营销的产品组合策略，推出适合节日期间消费者自用和送礼等的新产品，从而另辟蹊径，抢占先机，顺利打开节日市场通路。

文化内涵是节庆活动的吸引力所在，是节庆活动可持续发展的原动力，缺乏了文化的节庆活动，对内没有凝聚力，对外没有吸引力。节庆是农产品品牌传播的载体，所以节庆的“品牌个性”应该与农产品品牌的个性保持一致。文化内涵是节庆活动内容设置和形式选择的本源，其本身就是品牌信息的重要组成部分，不但为节庆提供生命力，而且使农产品的品牌传播更有内涵。成功的农产品特色节庆活动，一是传承农村文化的特色，二是立足品牌个性，进行文化创新。具体做法上，有些特色节庆善于挖掘和利用已有的文化，从中发展出自身的品牌文化；有的从无到有创造出新的品牌文化，并将其注入区域文化中。总之，必须从文化角度出发，找到节庆的差异化之路。

2. 提高产品质量，增强竞争力

近年来，随着人们消费水平的提高和消费结构的不断升级，人们对农产品的质量和安全愈发重视。把控好产品的质量和安全，配以良好的服务，才能增强产品的竞争力，从而赢得消费者的关注和购买。

3. 增加产品组合，注重消费体验

节日营销不能一味打价格战，将产品组合售卖是不错的选择。一方面，大包装的产品和附带赠品的产品组合，不仅适合消费者的购买习惯，还给人一种实惠划算的购物体验。另一方面，新、老产品的组合，达到新品尝鲜、突出新品的目的。同时，挖掘农产品地域性优势，为产品注入符合节日的风俗、民情、情感的人文内涵。让消费者购买、消费的不只是物质层面上的产品，还有依附于产品的情感和文化，从而提升产品的“使用价值”，满足消费者的精神文化需求。摒除一成不变的赠饮、试吃的活动，创造体验式的消费者氛围，例如让消费者参与现场采摘产品和直播选购产品，让消费者的购买行为不再单一，更具有自主性和趣味性。

4. 利用品牌效益，增加产品附加值

注重产品品质的同时，注重品牌的宣传。农产品品牌战略是提升农产品的内在品质和市场竞争力的有效保证，有条件的可以实行商标注册，提高产品的品牌效应。健全农产品质量检测体系，从而提高品牌公信度；加强农产品的深加工水平，提高农产品的附加值，综合满足消费者的需求；完善品牌的宣传、促销手段，使品牌农产品能迅速走进市场；建立品牌效应，提高农产品的附加值。

5. 利用多种平台，增加销售渠道

充分利用线上平台和线下批发等多种渠道，打破区域化的限制，拓宽农产品销售渠道和宣传渠道，让农产品走向全国，并通过平台数据分析，及时地了解用户需求和反馈，从而在产品开发及销售上做相应调整，有力带动农产品的销售。

（二）农产品国内主题节庆营销模式

1. 农产品+网络直播

农产品+网络直播能解决：信任问题。通过网络直播可以让用户增强产品的信心，还可以快速传播推广。因为，网络是没有边际的，网络直播的方式能很好地推广农产品及品牌。

2. 农产品+微商

农产品+微商就是农特微商。通过微信朋友圈发布自家的农产品信息，该信息包含种植、成长、采摘等信息。把农产品的生长情况拍成图片发布到微信里，让用户第一时间了解农产品的情况。

3. 农产品+餐饮

农产品+餐饮，把餐饮店、餐饮体验当作渠道或者平台，之后把农产品的体验、农产品消费、农产品互动嫁接在餐饮店里，从而破解农产品销售与推广困局。

4. 农产品+社群

农产品+社群在农产品方面比如：樱桃爱好者、素食爱好者、减肥爱好者、苹果爱好者等对某一款农产品有相同需求的人组成的群体，对农产品的销售具有很好的带动作用。

5. 农产品+直销店

直销店解决的是产地到餐桌的问题，同时减少了中间渠道，降低产品单价，提高农产品与用户的互动。

6. 农产品+众筹

通过众筹平台来卖农产品，已经成为新农人常用的手段。其中，农产品+众筹可以解决农产品的滞销及农产品传播等问题。

7. 农产品 + 电商

电商、互联网平台对农产品进行展示及推广，让更多人了解、知晓，并方便用户在线下单及购买。

8. 农产品+可视农业

“可视农业”主要是指依靠互联网、物联网、云计算、雷达技术及现代视频技术将农作物或牲畜生长过程的模式、手段和方法呈现在公众面前，让消费者放心购买优质产品的一种模式。

三、国内主题节庆营销案例

（一）传统节日营销案例

1. 端午节

时间：每年五月初五。

端午节吃粽子是中国的传统习俗，粽子也确实是广大“吃货”朋友们的心头好。看着每到端午都必然出现的甜咸之争就知道各位“吃货”对于粽子这种美食的热情有多高。

粽子的习惯虽然已延续千年，但端午节吃粽子却堪称史上最成功的营销案例。

粽子的历史非常悠久，常被用作祭祀祖先神灵，有驱邪纳福、祈求平安的意思。后来楚国大夫屈原自投汨罗江，百姓非常思念他，每到五月初五，就用竹筒装上食物，投向水中祭祀，这就形成了“筒粽”。据《续齐谐记》记载，东汉建武年间，长沙有个叫区回的人自称见到屈原显灵，说祭祀食物被蛟龙窃走，并告诉他祭品须裹上艾叶，缠上五色线，蛟龙最怕这两样东西。现在我们见到的粽子可以说是由区回“间接创造”的，那他是出于什么动机去改变粽子的形状呢？我们不妨大胆地推演一下！

这次“间接创造”完美符合了事件营销的几大要素：重要性、接近性、显著性、趣味性。

（1）重要性。

评判事件内容重要程度的标准主要是看其对社会产生影响的程度。屈原的逝世对整个国家而言无疑是一种极大的损失，重要性不言而喻。借用这样一位“伟人”作为事件营销的主角，其实存在很大的风险，一旦没有拿捏好营销的方向，反而会造成消费者对于品牌的厌恶。所以区回在策划之初就将兼顾事件的知名度和美誉度这件事考虑好了。

（2）接近性。

越是心理上、利益上和地理上与受众接近和相关的事实，新闻价值越大。一方面，屈原从始至终都很爱护百姓，百姓也十分尊重他，双方具有天然的接近性。另一方面，屈原所忧也是百姓所忧，关乎国家兴亡，双方在心理上也有接近性。百姓为了报答他的恩情，在情感上自然深陷其中，不愿意他的尸体被鱼虾啃噬。

（3）显著性。

新闻中的人物、地点和事件的知名程度越高，新闻价值也越大。如果事件营销的中心人物平凡无奇，根本不能起到这种一石激起千层浪的效果。区回正是明白屈原的才情已经达到了几乎无人能敌的境界，而且不被重用造成的郁郁不得志也让人同情，作为百姓爱戴的楚国三闾大夫，为国投江这件事的显著性具有非常大的新闻价值。

（4）趣味性。

事件营销理论中有概念说大多数受众对新奇、反常、变态、有人情味的东西比较感兴趣。屈原投江这一事件，是一位伟人的陨落，是他满腔爱国却只能沉于江底的无奈。百姓对于这一事件的惊讶、惋惜、痛苦之情溢于言表。这时如果能为屈原大夫做点什么，相信百姓都不会拒绝，区回发起的这种极具人情味的举动无疑会受到大家的支持。

2. 中秋节

时间：每年八月十五。

秋风起，蟹脚肥。秋季正是吃蟹的好时节，把酒食蟹也被定义为“人生至高的享受”！俗话说“蟹味上桌百味淡”，这两年大闸蟹俨然成为一代网红，成为正餐的桌上客。

近几年大闸蟹成为越来越多的消费者秋季餐桌上的标配，销量大幅度提升，想着那一只只肉如玉脂、膏堆满壳的“尤物”，便已垂涎三尺。为什么大闸蟹能够成为国民新宠呢？这里面又隐藏着中国人怎样的营销智慧呢？答案是：捆绑中秋节日，打通大闸蟹的推广渠道。

中秋节是中国传统节日之一，送礼是过节必不可少的环节之一，而 8 月金秋的螃蟹最是肥美，加之从古流传至今对螃蟹营养和口味的赞许，大闸蟹就成为中秋送礼的首选。大闸蟹成功捆绑中秋节，凭借节日营销打开国民认知度，于是，原本的口腹之欲瞬间被提升到人情的高度，产品的特色被突显，大闸蟹的推广渠道顺势打开，成功进入大众的视野。

（二）西洋节日营销案例

1. 西方情人节

时间：每年 2 月 14 日。

2 月 14 日是西方的传统节日情人节，情侣在这一天互送礼物用以表达爱意，玫瑰是爱的象征，也是情人节的保留节目。但每年情人节，都是千篇一律的红玫瑰，不仅价格飞涨，还容易被对方嫌弃没创意，最近几年一些商家脑洞大开，用各种农产品加上创意来进行节日营销，很是火热了一把。下面就和大家分享一下情人节创意农产品营销的话题。

（1）果蔬花束。

“果蔬花束”是情人节另类创意礼物，它是用形状各异、色彩鲜艳的水果、蔬菜插制绑扎而成的花束。色彩丰富、花样各式，可自由发挥创造，跟真实的花束造型相似，不仅价格实惠，还不浪费，浪漫之余还可以做一顿丰盛的大餐，一举多得。

（2）特型定制。

在情人节推出心形草莓，广受欢迎。一颗重量为 22 ~ 26 g 的心形草莓售价为 1270 日元（约合人民币 78 元），每日限量销售 100 颗，主要面向网络市场线上销售，引起热烈反响。除此之外，还有心形黄瓜、心形西瓜等特型果蔬，也是很有市场潜力的。

（3）塑造产品含义。

枣夹核桃，再平常不过的零食，但就是因为一个小小的创意，它拥有了非凡的意义："枣（早）想核（和）你在一起"，马上变身表白利器！

2. 平安夜

"圣诞节的平安果是祝福，也是潜在的巨大商机。"

每当圣诞节来临，在平安夜送一颗平安果（苹果）成为国人们为了庆祝这个"洋节"的不成文约定。因此，在每年年底的这个档口，苹果自然成为"果中之王"，作为最能够引领节日潮流的水果，已经连霸五年全国水果销量冠军，2016 年的销售量突破 100 万吨。

从数据来看，2016 年的 12 月，由于圣诞节和平安夜的来临，苹果销量喜人，特别是在平安夜当晚，苹果单品的整体价格上涨超过了 30%!

这里有个圣诞营销窍门——换种方式卖货。

将一颗普通的苹果华丽变身，与一些包装公司合作，你就能做出诸如"高档苹果礼盒"和"刻字苹果"，售价就能上涨。

（1）包装苹果。

基于平安夜苹果的热销，客商们都会提前半个月开始备货，备货时选择苹果产出大省，如山东、山西、陕西等，在询价后，选择地面交易或冷库交易，最后完成备货，准备你的营销。

（2）准确把握果品信息。

这里有一个知识点，必须提醒准备投资的看客，客商们在每年都会掉进一个怪圈，在未来无法预估的情况下，选择较为保守，于是备货不足，导致节日当天"平安果"不够卖，送上门的生意最后没做成。合理预估你的销售额相当重要，这也需要大家在平时的经营中有记录的习惯。

如果想要在产业链上游利用价格差赚上一笔，那么就要提早做准备了，比较各家产地的价格，从渠道源头进货，分销给中游的批发市场和批发商。

如果是零售商，虽然到手的苹果已经加了好几重费用，但是最后的售价是由你们来定，赚多赚少也是由你们定。如何做好营销与定价就看本事了。

（三）特色节庆营销案例

（1）7 月 29 上午，2017 中国·宣风热带水果狂欢节成功举办，狂欢节深度挖掘全域旅游年蕴藏的巨大能量，通过“游乡村美景、品热带水果、观民俗表演、享农家乐趣”等活动环节，打造一场有创意、有特色的热带水果狂欢节，为游客们带来前所未有的体验，活动现场人头攒动，人气爆棚！CCTV 新闻频道、CCTV 军事农业频道、CCTV 中文国际频道、CCTV 发现之旅频道等媒体记者都被吸引过来了。

旅游节一日游套票、低价任你购：不要 155，只要 98，单人套票 98 元拿回家，5 斤火龙果、仙凤三宝门票 1 张，外加午餐一份，只要 98 元；家庭套餐只要 168，5 斤火龙果、3 张门票、3 份午餐只要 168 元，你想不到的优惠，尽在活动当天。游客可以通过线上自媒体及线下现场购买，所有的套票于活动当天 10:30 统一在火龙果基地领取。

（2）金秋九月，天高气爽，在这五谷丰登、瓜果飘香的季节，全市上下决战脱贫攻坚奋力推进乡村振兴之际，仁怀市 2019 年“中国农民丰收节”今天上午在九仓镇小湾村开幕啦！时间：2019 年 9 月 22 日。地点：九仓镇小湾村。

农民朋友们不仅来到现场庆祝自己的节日，还带来了丰富多样的优质农产品。迎丰收、晒丰收、庆丰收，农民朋友们正用特别的方式庆祝属于自己的节日，这是一个属于中国农民的节日。

【任务训练】

1. 简述主题节庆营销的概念。
2. 国内主题节庆营销关键点有哪些？
3. 国内主题节庆营销模式有哪些？
4. 请根据国庆节这个主题设计一个农产品营销方案。

【任务拓展】

怎么制作特色农产品营销方案

具体而言，制作特色农产品营销方案需要考虑以下三点：

1. 市场定位

任何商品都有推广的人群，也就是目标客户。特色农产品也是如此，要看这类产品被哪些人群所认同，前景是怎样的？这些市场定位因素要弄清楚，这将是商家未来营销的关键因素。

2. 营销渠道选择

说起营销渠道的选择，我们从网上就可以获得很多方向。数亿粉丝的微信平台拥有多种营销方式，包括群营销、朋友圈营销等都可以让商家的信息获得较高的客户流量。此外，一些论坛的资源也很出色，受众度也很高。

3. 操作步骤

首先，合理利用信息发布资源，例如微信的发布，要考虑客户的生活习惯，选择恰当的时间、恰当的方式，这样才会有好效果。论坛的寻找要有很高的相关性，不相干的资源往往得不到精准的客户资源。

其次，学会掌握发布信息的技巧。很多商家在发信息时，总是上来就打广告，如此便得不到朋友的关注，甚至引起反感。那么借助一些有价值的文章，让小伙伴们产生认同感，如此经营才会有成效。

最后，互动及维护。当商家积攒了不少的网友粉丝时，不可不管，要学会互动和沟通，使其深入了解自家农产品的品质，形成订单。另外还需要对这类客户进行维护，适当地给一些福利吸引，让客户第二次交易，甚至多次重复交易。

每一个地方都有其相应的特产，不同的特产价格也有很大差别。看完上面的特色农产品营销方案之后，相信大多数小伙伴们都会了解营销的技巧，对待不同产品当然也有不同的营销模式。方案在这里起到指引的作用，因此必须要综合营销的全部问题，找出适当的策略，这样对产品销售才会更有利。

任务二　国外主题节庆营销

【任务描述】

大千世界，五彩缤纷、五光十色，而我们生活中的节日同样也是丰富多彩。由于地理环境、地域文化、宗教信仰等因素的差异，形成了千差万别的节庆风俗和文化。国外的这些节庆涉及农业、农产品方面有哪些？他们会采用什么主题、如何进行营销规划？让我们一起走进一些世界著名的节庆活动中，去看看有关农业、农产品方面的节庆及营销案例，通过学习掌握国外主题节庆营销理念、方法。

【任务目标】

- 了解国外主题节庆相关内容
- 掌握国外主题节庆营销案例
- 了解国外主题节庆营销在国内的运用

【任务学习】

一、国外主题节庆概述

世界上的节庆，按照一些学者的研究大致可以分为宗教节、艺术节、食品节，以及与季节和本地习俗方面相关的节日等。

与宗教信仰有关的的节庆有圣诞节、复活节（基督教），开斋节、古尔邦节、圣纪节（伊斯兰教），逾越节、住棚节、五旬节（犹太教），排灯节和好利节（印度教），其他教派也有各自的节庆；艺术节则有各种电影节、音乐节、舞蹈节、文学节、戏剧节、喜剧节等等；食品节庆则有牡蛎节、啤酒节、饮酒节、大蒜节、土豆节、蘑菇节、烧烤食品节等。各国还有一些节日，比如泰国的泼水节、美国的感恩节、澳大利亚的冬至节等。这些节日，反映了各国的生活习俗、信仰、物产、气候、地理、文化等等方面。

每个节庆都有着自己的主题，而与农业农产品有关的节庆主要是农业节庆。

农业节庆是依托当地的主导产业，将农耕文化、民俗风情融入传统节日或主题庆典中而开发的节庆，通过农业节庆活动推动旅游、会展、贸易及文化等行业发展。农业节庆是体验式和消费式相结合的农业创意类型，常常兼具吃、玩、赏、教等多项功能，其中吃、玩等休闲娱乐功能尤为显著。

国外农业节庆有很多，荷兰各地在郁金香花开的季节都会举办郁金香花节，法国的普罗旺斯地区在薰衣草盛开的季节举办的薰衣草节，美国加利福尼亚州的吉罗伊大蒜节，印度比卡内尔骆驼节，每年一度的慕尼黑啤酒节是世界上最著名的啤酒节，西班牙番茄节被称为是世界上最大的番茄大战，哥伦比亚 Nobsa“国际雨衣节”是工匠们每年庆祝的节日，以枫糖为主题的枫糖节是加拿大传统的民间节日，也是最具特色的民俗节日之一。德国魏玛洋葱集市节至今已有近 360 年的历史，属于德国境内最负盛名的民间节日之一。

意大利佩鲁贾有“巧克力之城”的美誉，在每年 10 月中下旬在此举办的“欧洲巧克力节”的十天期间，挤满这个山城的国内外游客不仅能够品尝全欧洲最著名的巧克力，还能参与各种文化休闲活动及特色旅游服务，享受味觉和精神的双重大餐。

2011 年开始的“苏格兰美食节”是世界上有名的美食节之一，国际美食旅游协会在其首份全球调查中宣布：苏格兰是地球上“最独特、最让人难忘、最趣味横生”的美食餐饮地之一，苏格兰的各类优质农渔产品以及威士忌、汤类、果酱和奶酪获得了高度称赞。8 月 13—15 日举行的美食家节里，提供各类广受欢迎的美食餐饮大师课程，游客可以学习如何制作巧克力和特色奶酪等。

二、国外主题节庆营销案例

各种节庆都有自己的主题，反映不同国家、地域、民族的生产、生活、文化特色，通过各种节庆的举办、主题活动的举行，既宣传了本地的特色产品、优美的环境、深厚的历史、文化的积淀，更为本地的经济注入了活力。如何利用这些主题节庆活动进行营销，各地都有经典的案例。

（一）卡尔腾贝格中世纪节[①]

时间：每年 7 月的第三个周末。

欧洲每年夏季会在各地举办众多的中世纪主题节庆，其中卡尔腾贝格中世纪节堪称欧洲最大的中世纪节。这里不仅拥有震撼视觉的骑士表演，还有丰富多彩的街头美食与杂技，为游客呈现出了一个高度还原的中世纪小镇。

卡尔腾贝格中世纪节原本只是一场骑士角斗表演，是由巴伐利亚路德波特王子于 1979 年首次建议的，如今已经成为欧洲规模最大的中世纪节庆之一。

事实上，这项节庆隐藏的真正初衷，则是路德波特王子继承的家族啤酒企业——路德维希啤酒——寻求突破困局的努力。

路德维希啤酒首创巴伐利亚纯度法，并且规定了不得加入除啤酒花、小麦和水以外任何物质的原则。虽然大名鼎鼎的慕尼黑啤酒节起源于路德维希家族的婚礼，但由于远离慕尼黑市区，路德维希啤酒现在不够资格参加慕尼黑啤酒节，因此必须想办法将顾客引出慕尼黑市区。

1976 年，路德波特王子访问伦敦，在坎特伯雷观看骑士角斗表演时受到了启发。为了推销家族啤酒品牌，举办盛大的节庆，就成为合理的选项。每年七月的第三个周末，都有大约十二万游客蜂拥而至，前来参加卡尔腾贝格中世纪节。节庆期间，慕尼黑市区到卡尔腾贝格城堡的路上车满为患，热闹非凡。而路德波特王子作为这个节庆的创办人，也会在重大表演开始时亮相，向观众致敬，以庆祝节庆的每一次顺利开幕。

1. 为节庆而生的中世纪“小镇”

1980 年，在路德波特王子的领地——位于慕尼黑以西 35 公里的卡尔腾贝格城堡，举办了第一次骑士角斗表演，之后随着节庆的规模与影响力扩大，增加了中世纪市场与艺人之夜等主题体验活动，并且还专门建设了新角斗场。于是，卡尔腾贝格城堡周边，成为因中世纪节而生的小镇，小镇的每一个角落在节日期间都是表演的舞台。

2. 中世纪节的狂欢

中世纪节的文化氛围非常重要，而决定这种氛围的就是参与的人们。参与卡尔腾贝格中世纪节的人，很多来自一个平日隐匿在社会各行各业中的一种亚文化——中世纪圈子。

中世纪圈子，都有些什么人？这些人平日可能是 IT 职员，可能是酒吧服务生，或者是医生，抑或是律师。他们都有一个共同的爱好——中世纪生活文化。这种小众的亚文化在德国兴起于 20 世纪 70 年代，到 80 年代风起云涌。这些人在业余时间致力于重现中世纪生活，如自己制作中世纪服装、兵器和其他复古物件，并且通过相关主题

---

① 资料来源：http://www.sohu.com/a/367221753_120168591。

俱乐部或者野外帐篷露营等方式体验生活。

中世纪亚文化人群是中世纪节的最专业游客，在卡尔腾贝格中世纪节中，这种中世纪圈子的亚文化人群，不仅出现在节庆服务人员中，而且更多地出现在游客之中——他们是那群最“专业的游客”，不仅服饰还原度高，而且完全沉浸在节庆中。中世纪节就像是原本属于他们的生活环境，这些人也是节庆氛围最好的衬托元素。

每年 7 月举办的骑士锦标赛是整个中世纪节的最高潮。场地设置在专门建设的角斗场中，拥有 1 万个座席，3 千个站席，中间则是可供骑士比赛与表演使用的沙土场地，犹如古罗马赛马场一般。每当锦标赛开始时，表演人员从场地入口亮相，代表着整场大戏的开幕。

还原人们熟知的历史情景，易引起共鸣，骑士角斗是具有一条明确故事主线的大型表演，骑士们身穿复古装甲，坐骑则是安达卢西亚骏马，扮成历史人物登场。故事专线则选取欧洲历史上一些较为知名的历史故事，以便让观众尽快进入剧情，产生共鸣。如，2010 到 2012 年，采用的主题是亚瑟王与圆桌骑士三部曲的故事。在历史故事表演之余，还会穿插中世纪骑术表演，如马上剑术、马上杂技等，将观众的情绪逐渐引向高潮。

最终的骑士锦标赛，则是中世纪传统的骑士角斗，不仅装备高度还原，而且场面也堪称炸裂！最大的看点是：骑士枪头是专门易碎处理的木材，以便造成刺向盾牌的瞬间，枪头碎裂的效果。现场视觉不仅逼真而且极为震撼。最终的获胜者虽然由观众票选，但结果已然明了。最重要的是，这场视觉盛宴本身就是对游客的最大吸引。

3. 中世纪生活的全息体验

（1）中世纪市场：一部活的中世纪“生活史”。

中世纪节的另一部重头戏是中世纪市场，在小镇中，有超过 100 个中世纪风格的街头摊位，有面包坊、酒吧、手工艺店，甚至铁匠铺都一应俱全，就着巴伐利亚美食，游客可以尽情享用美味的啤酒；而啤酒的品牌正是路德波特王子管理着的家族产业——卡尔腾贝格堡啤酒厂的啤酒。

（2）艺人之夜：中世纪街头氛围重现。

中世纪节的第二大亮点就是艺人之夜。在节庆的某一个晚上，专业的表演者身穿复古的装扮，在小镇街道上游行，与游客互动。之后瞬间散开，占据小镇中的无数个固定的角落，开始不间断地表演，整个小镇就像是一个大舞台，上演着精彩纷呈的街头艺术，游客可以随意往来于音乐家、舞蹈者、说书人、杂技演员、魔术师等演员之间，并品尝着沿街的美食与啤酒，犹如穿越到了真正的中世纪。

（3）中世纪音乐会：聆听中世纪特色音乐。

艺人之夜不仅只有街头艺术，还有大型的摇滚音乐现场。来自本地与国外的音乐团体演奏着“新中世纪音乐”，鼓励台下观众一起互动，形成了与中世纪氛围融合的狂欢氛围。最终，在夜间 10 点的巨大烟火中，艺人之夜的盛会落下帷幕。

点评：卡尔腾贝格中世纪节，是欧洲众多中世纪节庆中的一个典型，其举办与成功的重要驱动力虽然是为了推销路德波特王子的家族啤酒企业产品，以弥补被慕尼黑啤酒节拒之门外的窘境。但从中可见，这样的主题氛围节庆，成功的关键在于营造全息化的氛围，从而形成强烈的穿越感。而在这种整体氛围的塑造中，作为一记“主拳”的骑士锦标赛，以及一套“组合拳”的中世纪市场、艺人之夜和音乐会等，共同构建了完整的中世纪氛围体系。而能够支撑这种氛围成功建立并吸引游客眼球的关键，不仅在于足够专业的表演者以及视觉冲击力的设计，更重要的在于社会上中世纪圈子这样的小众亚文化人群的崛起与成熟。

（二）捷克·布拉格美食节[①]

时间：每年 5 月 27 日—5 月 29 日。

布拉格美食节在捷克已有十多年的历史了。美食节汇聚了世界各地的美食，加上捷克当地的新鲜啤酒，是当地人最热衷的活动之一。当然，随着近年来美食节的流行，布拉格美食节上也吸引了世界各地的美食爱好者纷纷前往。所以只要你是个“吃货”来这里就对了。

在 5 月的布拉格城堡皇家花园，集中了捷克最好的厨师，您可以在这里尽情地品尝、探索新的口味及令人惊喜的美食组合。这里每个餐厅都提供前菜、汤、主菜、甜点及特地为美食节而准备的套餐，在品酒室里的咖啡、热巧克力、葡萄酒、啤酒及其他美味也是亮点。

布拉格还能这样玩：

（1）走一走查理大桥，逛一逛布拉格城堡，转一转布拉格广场，看一看老城广场的天文钟，将自己置身于童话世界里。

（2）漫步在伏尔塔瓦河海岸，沿着鹅卵石台阶，去爵士码头逛逛，陶醉在音乐里的同时，不妨让自己也迷醉在不同口味的鸡尾酒里。

（3）浪迹在布拉格老城，游走于布拉格新城，感受浪漫的布拉格生活。

（三）保加利亚玫瑰节[②]

时间：每年 6 月的第一个星期天。

保加利亚以“玫瑰之邦”闻名于世，该国中部“玫瑰谷”卡赞勒克的国际玫瑰节是当今世界规模最大、历史最悠久的以玫瑰为主题的节日庆典。在节日当天，热情的当地人都会表演民族歌舞和化装舞蹈。好客的玫瑰花农还会邀请来宾一起跳“霍罗舞”，美丽俊俏的“玫瑰姑娘”会向客人敬献花环，表示热烈的欢迎。

清晨，玫瑰园弥漫着沁人心脾的玫瑰花香。穿着鲜艳民族服装的大人、小孩聚集

① 资料来源：http://www.sohu.com/a/68014045_100609。
② 资料来源：http://www.sohu.com/a/68014045_100609。

成群，载歌载舞，感谢风调雨顺带来的好年景。采摘能手们则手提花篮分散在一行行花丛中，一边兴高采烈地采花，一边放声高唱。

盛装的姑娘和小伙子们以舞蹈来欢庆玫瑰丰收。一群头戴面具、腰围特大铜器、手舞刀棒的青年人，在响亮的火炮声中，随着铜器的撞击有节奏地跳跃起舞。这些异彩纷呈的文化活动为“玫瑰谷”增添了无穷魅力。

（四）法国·波尔多红酒节[①]

时间：隔年6月23日—6月26日。

波尔多是世界上最大的美酒之乡，这里每两年举办一次的法国波尔多葡萄酒节令全球酒迷纷纷趋之若鹜。璀璨迷人的烟火秀、异彩纷呈的庆典节目及别具一格的葡萄酒主题之旅定会令你深深沉醉于波尔多法式的夏日狂欢。

从以往的庆典来看，还会有品尝不尽的波尔多特色美食以及明星嘉宾带来的精彩音乐演出，为葡萄酒节增添新鲜而别样的体验。

葡萄酒之路是波尔多葡萄酒节最令人徜徉流连之处，在怡人河景与古色建筑间，绵延两公里之长，岸边展位摆放逾80种来自波尔多和阿基坦地区的葡萄酒，游客们纷纷开怀畅饮，切身品尝波尔多佳酿的魅力。

（五）法国·南法薰衣草节[②]

时间：每年7、8月。

每年夏天的薰衣草迎风绽放，交织成法国南部最令人难忘的气息。“普罗旺斯”已不再是一个单纯的地域名称，更代表了一种简单无忧、轻松慵懒的生活方式。7月让我们相约炎热的南法薰衣草节，沉醉在薰衣草的花香世界里，喝上一杯粉红葡萄，享受一个惬意的生活。

一年一度欢庆薰衣草收割的薰衣草节在南法各地都有举办，许多活动将以薰衣草为主题展开，各个小镇的居民会穿着传统服装，拿着薰衣草产品及农作工具在小镇上游行表演。除此以外，还可以在这里找到薰衣草以及各种由薰衣草制成的工艺品，可以把他们带回家。

南法还能这样玩：

（1）以普罗旺斯中心城市阿维尼翁为中心，观赏薰衣草、向日葵；

（2）漫步在周边被评为“法国最美丽的小村庄”的各个小村庄，感受法国小镇的浪漫风情；

（3）在阿尔勒追寻凡·高的足迹，到他作画的咖啡厅喝一杯香醇的Espresso，再去他待过的医院感受一下天才与疯子的一线之隔。

---

① 资料来源：http://www.sohu.com/a/68014045_100609。
② 资料来源：http://www.sohu.com/a/68014045_100609。

（六）墨西哥红萝卜节[①]

时间：每年 12 月 23 日。

每年 12 月红萝卜收获的时候，墨西哥的手工艺人都会在瓦哈卡广场上展示他们的雕刻技艺，久而久之，就成为墨西哥著名的“红萝卜节”。

每年 12 月 23 日举办红萝卜节，在节日前 3 天，手工艺人们就要开始准备。雕刻者们需要挑选一个合适的萝卜，独自构思，独自雕刻，最后雕出动物、人像、建筑、神灵等形象，等到圣诞节当天放在瓦哈卡广场上进行展览，由观众选出获胜作品。

不能使用其他装饰物，只能依靠一些木棍支撑，保持原汁原味。这些雕刻做工精细，栩栩如生，特别是一些基督教和鬼节神灵雕塑，庄严而又神圣，丝毫看不出是用一个萝卜雕出的。

（七）波兰丰收节[②]

时间：每年 9 月中旬。

波兰的农民们在每年 9 月中旬的星期日举行一年一度的“丰收节”。丰收节又是丰收感恩节，原来是个宗教感恩性质的节日，是农民们在每年秋收结束后，为表达感恩之情而举行的庆祝活动，希望来年有更好的收成。

丰收节当天除了仪式。还会有波兰民间歌舞团的演出、农机设备的展示、各种农产品的推介，以及与农村传统有关的竞赛。

在当天的仪式上，县长和乡长会与来宾们分享用新收获的麦子做成的面包。各乡的农民也都会穿上代表民族的服饰，展示用谷物、面包、水果、蔬菜、野花精心制作的花篮。随着时间的推移，丰收节已逐渐演变成一个展示丰收成果、分享喜悦的民间节日。

（八）法国柠檬节[③]

时间：每年 2 月。

每年 2 月，法国东南的芒顿小镇为庆祝柠檬的丰收会举办盛大的柠檬节。在柠檬节举办当天，整齐的街心公园里，种植户们将自家参加柠檬节的柠檬拉来，和柑橘一起，用万千只新鲜柠檬和柑橘非常有技巧地扎成一座座巨大而绝妙的雕塑，有动物、有器皿、有城堡、有教堂……芒顿人的想象力和创造力在这一时刻得到了淋漓尽致的发挥，巨大的柠檬雕塑让人叹为观止。

下午 3 点，法国人最喜爱的花车游行准时开始。在芒顿的柠檬节上的花车没有一朵花，而是一车金灿灿的柠檬扎成的雕塑！花车队伍中，还会有美女们伴舞，人们也会随着大跳桑巴舞。同时，几乎每天下午都会有铜管乐队在大街小巷进行演奏。在狂

---

① 资料来源：http://www.sohu.com/a/325969818_99953334。
② 资料来源：http://www.sohu.com/a/325969818_99953334。
③ 资料来源：http://www.sohu.com/a/325969818_99953334。

欢间隙，小镇还为海外的游客准备了介绍特产柠檬的展览。

芒顿的柠檬节吸引了众多观光游客，让一个原本并不起眼的小镇变成如今南法最值得一游的小镇，极大地带动了蒙顿地区的旅游发展。

（九）俄罗斯黄瓜节①

时间：每年 7 月 20 日。

自 12 世纪黄瓜从印度被引进俄罗斯，苏兹达尔就成为俄罗斯最大的黄瓜出产地。苏兹达尔世代以种植黄瓜为生，黄瓜是他们文化和生活的一部分，是他们的“守护精灵”，因此，每年黄瓜大收获的季节，都会举办美味的“黄瓜节”。

俄罗斯苏兹达尔的黄瓜节国际闻名，在每年的 7 月 20 日举行，这一节日吸引了众多来自芬兰、波兰、日本、墨西哥、瑞典的游客，大家专门来到苏兹达尔，品尝这独一无二的黄瓜盛宴。

这一天，游客们将能品尝到苏兹达尔当地各式各样做法的黄瓜：咸的，甜的，腌制的，填馅儿的，淋奶油的，甚至还有机会品尝到黄瓜做的饮料、馅饼、冰糕和果酱。

三、国外主题节庆在国内的运用

我国西部地区每逢春节前（腊月间），家家户户都有杀年猪、熏腊肉的习俗。为了迎接春节的到来，每家杀年猪时，都会邀请亲朋好友，邻里乡亲前来帮忙，然后将刚宰杀的猪肉做成可口的菜肴招待大家，所以这就叫作杀猪饭和刨汤宴。

如何利用这一特有习俗，将文化、旅游、康养、种养殖、观赏体验以及农产品的加工销售有机结合起来呢？达州市铭远生态林业有限公司在参考了国内外大量主题节庆的基础上推出了“铭远生态九斗碗刨汤宴”。从 2014 年开始连续举行了六届，第七届于 2020 年 11 月 14 ~ 15 日拉开首场秀。在这里，来自全国各地的游客尝“蜀汉林猪”、品“麟焕梅花鹿”、食“绿源香韵鸡”、观“特色民族歌舞”、看“百米酥肉制作”、赏“天蓬戏水”、体验林间漫步、森林康养，购特色腊货。

高峰岩铭远生态九斗碗刨汤宴第一场完美收官，第二场又在火热筹备中，一直要持续到腊月结束。

【任务训练】

1. 国外农业主题节庆有哪些？
2. 国外主题节庆营销经典案例有哪些？
3. 简述铭远生态如何利用节庆主题营销？还可以利用哪些节庆，试编写方案。

---

① 资料来源：http://www.sohu.com/a/325969818_99953334。

【任务拓展】

青岛国际啤酒节 vs.慕尼黑啤酒节

大千世界，五彩缤纷、五光十色，而我们生活中的节日同样也是丰富多彩。由于地理环境、地域文化、宗教信仰等因素的差异，形成了千差万别的节庆风俗和文化。有些节庆活动是围绕某一特产而延伸，一是向交易会延伸，将产品的生产与销售联系起来；二是向文化方面延伸，把生产过程与产品和文化联系起来。近年来，节庆活动的主题更加广泛、运作方式也日益市场化，节庆活动对目的地营销和地方品牌化经营方面的贡献更受重视。

1. 青岛国际啤酒节

青岛国际啤酒节是国内最具影响力和号召力的“狂欢”节，同时也是青岛市民的娱乐盛典。每年的 8 月份，青岛市民都会以各种方式与世界各地的游客共度半月的激情日夜。作为一个市民化、娱乐化的“狂欢”节，青岛国际啤酒节正在以各种新的形式和内容吸引着广大普通市民广泛参与。

第十六届青岛国际啤酒节主题：“青岛与世界干杯”。

口号：“激情扬起风帆”。

功能与定位：“市民的狂欢节、企业的大舞台”。

2. 慕尼黑啤酒节

每年 9 月的第三个星期六至 10 月第一个星期日固定成为啤酒节。十月节是慕尼黑的一个传统的民间节日。因为在这个节日期间主要的饮料是啤酒，而且消耗量惊人，所以中国人喜欢把他们的这个节日简称为啤酒节。在德国则叫十月节，从不叫啤酒节。

3. 相比慕尼黑啤酒节之优势

（1）青岛国际啤酒节在参与的国际化方面胜过对手。

（2）在定位上，青岛啤酒节也将突出自己的特色。一是“市民的狂欢节”，二是“企业的大舞台”。

4. 相比慕尼黑啤酒节之不足

（1）人数差不多为对方的一半。青岛啤酒节人数约为 350 多万左右；而慕尼黑是 600 多万。

（2）地理位置和文化的差异的影响。参加青岛国际啤酒节的外国人很少，占与会总人数的比例太小。

（3）参加会议的结构。很多游客都把去慕尼黑参加啤酒节作为他们旅游的最终目的，目前在参会结构上，这个差距比较大。

5. 青岛啤酒节之总结

（1）加大对青岛国际啤酒节的宣传力度。

（2）进一步完善基础设施的建设，提高市民的文化素质及环保意识。

（3）加快经济发展，提高青岛市的经济实力及知名度。

项目七 观光体验营销

任务一 农家乐营销

【任务描述】

假如你是一位返乡农民工，准备回家创业，根据地域条件想开一家农家乐，在此之前你应该做足哪方面的工作？首先要认识农家乐，然后进行市场调研，开发农家乐营销项目，了解农家乐开发以后如何做好经营与管理。

【任务目标】

- 认识农家乐
- 掌握农家乐营销项目
- 掌握农家乐经营发展
- 掌握农家乐发展对策

【任务学习】

本任务包括四个方面，分别为认识农家乐、可供农家乐营销开发项目、农家乐的经营发展、农家乐的发展对策。农家乐概述讲了农家乐概念、特征及分类；农家乐经营强调要找准游客需求，根据游客心理需求来研究农家乐经营策略、经营方式、经营诀窍。

一、认识农家乐

（一）农家乐的概念

农家乐是以农民家庭为基本接待单位，以利用自然生态与环境资源、农村活动及农民生活资源、体验生活为特色，以农业、农村、农事为载体，以“吃农家饭、住农家屋、干农家活、享农家乐”为主要内容，以旅游经济为目的的观光农业项目。农家乐一般是在原有的农田、果园、牧场养殖场的基础上，将环境略加美化和修饰，以纯朴的农家风光吸引城市居民前来观光游览。

（二）农家乐的主要特征

1. 位于城郊或乡村地区，乡土特征鲜明

农家乐不同于文化古迹和风景名胜地，是将农村风貌与乡土文化融为一体，展示的是现代农家特有的风貌，而非人工刻意雕琢的景观。通过农家乐的休闲旅游活动，让人们亲身感受现代农民生活和农村乡土气息。

2. 农户家庭为接待主体，强调客体的平民性

尽管农家乐旅游的参与者中也有不少富人，但总体而言，农家乐旅游的主体主要是以工薪阶层为主的城市或城镇居民和注重生活情调的知识分子，他们的身份和职业不尽相同，但收入水平和消费指向却有相同或相似之处。

3. 以自然风光和区域内的农业资源为旅游资源，突出原生态美

农家乐旅游的对象物非常清楚，就是使用天然材料与乡土元素进行建造装饰，展现质朴自然的乡村景物。

4. 住宿、旅游功能兼具，参与体验性强

农家乐旅游有别于其他休闲旅游，农家乐旅游所开展的各种旅游项目就是农村日常生活的一部分，农家乐提供家庭生活必备的设施与个性化的休闲娱乐设施，游客按家庭日常居所的方式度假，游客可以亲自参加农业生产劳动，体验农耕生活的辛酸、劳累，同时也可参与采摘、收获、品尝等农业生产活动，让游客感受农业丰收的喜悦。

（三）农家乐的种类

乡村传统型：保持旅游产品的原真性与本土性，致力于传统农业生产开发，给予游客贴近传统、贴近自然的清新体验，凸显乡村旅游的独特之处。如宣汉洋烈葡萄产业园，围绕葡萄种植，提供观光采摘、酿酒体验、产品购买等旅游服务。

休闲度假型：借助农场秀美的自然风光，构建别具特色的旅游产品，设计多样的农业旅游活动形式，如宣汉县百里峡漂流，打造独特的度假体验。

二、农家乐营销项目开发

（一）农家乐特色定位

经营者在开办农家乐之前，必须通过咨询、调查等手段明确为之服务的农家乐游客群体，确定农家乐的特色产品和服务风格。

（二）可供选择的农家乐项目开发

餐饮型农家乐：农家乐提供食材与烹调方法呈现本地乡土美食特色。

农事体验：农家乐提供场地和设备，让游客体验农村生活，如当一天农民，体验种植和采摘、喂鸡等。

农产品产业园：可提供产业园观光，并对农产品进行销售，如四川松柏生态农业有限公司清脆李。

教学农场：职业教育的改革，实行产教融为一体，在校外设立产业园，学生可以到产业园参加技能训练。

生态居住：提供在农村短期的餐饮住宿服务，并提供休闲配套产品，如宣汉县君堂镇花仙谷，游客可以赏花、住宿、儿童游乐场、戏水等。

休闲度假：利用自然风光，游客在青山绿水中感受大自然，呼吸自然清新的空气，远离城市的繁华，吸引游客体验田园生活，吃农家饭，住农家屋，享受与大自然零距离接触的乐趣。

三、农家乐经营发展

（一）农家乐经营策略

1. 农家乐定价策略

定价策略是农家乐为其产品制定的定价方针、方法和措施的总称。农家乐要把产品定价和农家乐经营目标巧妙地结合起来，从而制定游客愿意接受、农家乐也能实现经营目标的价格。常用的定价方式有差别定价、捆绑定价和转移定价。

2. 农家乐营销策略

（1）品牌形象建设。

突出农业生态游的品牌、乡土风情游的品牌、农家美食和农副产品购买的品牌、农业科教游的品牌等。

（2）促销策略。

① 制作农家乐宣传单、导游图、旅游景点简介等。

② 人员推广，在人口集中地开展活动、散发旅游宣传品、开展旅游服务面对面等促销活动。

③ 旅游广告，在各大主流媒体发布广告进行宣传促销。

④ 互联网，如QQ、微信、微博、抖音短视频、网站。

⑤ 营业推广，游客体验后宣传，更具说服力。

（二）农家乐的经营方式

（1）确定服务对象。

（2）确定经营目标。
（3）确定服务项目和经营品种。
（4）确定销售方案。
（5）确定“游玩”规则。

（三）农家乐的经营诀窍

（1）定位于大众消费。
（2）突出一个“农”字。
（3）打造农家乐的主打菜肴。
（4）自然纯朴的亲情服务。
（5）经营方式灵活多样。

四、农家乐发展对策

（一）“农家乐”发展要以“农”为根

农民要通过自家的良田、果园、庭院、鱼塘等展示农村风貌、农业生产过程、农民生活场景，通过展示吸引游客；餐饮接待设施可利用自家的宅地和现有生活设施改建或改善而成，要充分体现农村、农业、农家、农民的乡土气息。由于“农家乐”已经成为品牌，很多城里人开设的或开设在城里的餐饮服务设施离真正的“农家乐”还有差距。

（二）“农家乐”发展要以“家”为形

“农家乐”应该以家庭为单位，不求全，不求大，应该体现出“家庭”的形态。既然是“家”，其规模就应该适度，不应贪大求快；发展应特色化，不应大众化。所以，“家”是农家乐的载体，无家不以成“农家”。

（三）“农家乐”发展要以“乐”为魂

“农家乐”以什么取乐？城里人戏言：换个地方打牌。其实，“乐”也要结合“三农”，设计参与性强的项目，如简单的农事、农活，如挖地、扒菜、喂鸡等。以乐为魂就是要发扬光大“农家乐”的文化内涵，深入挖掘，突出特色，做出项目，使“农家乐”旅游充满魅力，实现可持续发展。

（四）以“鲜”制胜

“吃”，在农家吃得新鲜，无污染，绿色食品；“住”，在农家住宿环境干净整洁；“行”，在农家代步交通工具的选择具有新鲜感；“娱”，在农家增加农家文化内涵，玩得新鲜。农家乐的发展需要提高其文化品位，应该满足不同文化消费人群的娱乐需求，让它成为城乡居民的文化活动场所，成为民间文化的传播之地；“购”，农家土特产产品丰富、新鲜。

（五）加强旅游商品的开发

在发达国家，一般旅游商品的收入要占到旅游总收入的30%左右，在我国大约只占到10%，可见，提升空间很大。要充分利用山区丰富的土特产资源、传统饮食和工艺等，开发具有地域特色的农家乐旅游商品，满足游客的消费需求。注重纪念性、精致性和多样性的发掘，将农产品、农副产品做成商品、礼品乃至体验品，不断提高价值含量。

（六）重视员工培训

必须加强对“农家乐”从业人员旅游知识、礼仪知识、服务规范、管理知识、烹调技能等的培训，帮助从业人员更好地为游客提供专业化服务，加强服务意识，规范服务行为，整体提升农家乐的质量与等级。

（七）规范管理

农户在申请开办农家乐时必须有“证件”（如卫生许可证、安全许可证、餐饮从业人员健康证、从业人员岗前培训证、经营许可证）俱全。如果成立农家乐协会的，“农家乐”协会也应有规范的管理、促进有序竞争和可持续发展、确保游客合法权益及村民利益的合理体现。

（八）农家乐安全

经营者在开办农家乐时，应充分考虑游客安全：

（1）餐饮卫生安全；

（2）基础设施安全；

（3）娱乐项目安全；

（4）消防安全；

（5）人身安全。

【任务训练】

1. 简述农家乐的概念和特征。
2. 简述农家乐发展对策。
3. 农家乐的安全管理包括哪些内容？
4. 可供选择的农家乐开发项目有哪些？
5. 农家乐营销的经营方式和经营诀窍有哪些？
6. 请同学们结合生活实际列举促销策略方式。

【任务拓展】

智慧云农家乐

“智慧云农家乐”就是运用互联网、大数据等方式建设农家乐。以互联网作为平台，连接农家与客户，以大数据云计算分析客户行为，不断完善“农家乐”服务，推动“农家乐”发展。

1. “互联网+”

“智慧农家乐”运用互联网平台，连接农家与客户，为客户提供“众筹”及“预售”“培植监控”“私人定制”“农家活动预约”等服务。

2. 大数据、云计算

搭建“智慧云农家乐”大数据平台，通过客户在互联网产生的行为进行分析计算，完善农家服务向客户推送符合客户需要的农产品、娱乐活动，吸引客户，推动农家经济收入。

3. 无线宽带农家

建设“无线宽带”农家，让 Wi-Fi 全面覆盖农家场所，这不仅可为客户提供贴心的无线网络服务，同时也可与商家合作，带动广告收入。

4. 农产品二维码追溯系统

农产品二维码追溯系统对消费者提供了农产品质量安全的相关信息，消费者通过二维追溯码，能够有效地甄别该产品的生产过程是否安全，有效地保障了消费者的知情权。

任务二　家庭农场营销

【任务描述】

假如你是一名家庭农场经营者，你不仅需要具备各种农产品的生产知识和开发优质农产品的能力，而且还要掌握营销方法与技巧，才能应对市场需求的不断变化，才能将你的农产品推销至更多人群，获取更多收益。如何做好农产品的营销工作呢？要求掌握农产品的营销方法和营销技巧，事半功倍地做好农产品的营销工作，达到最佳的营销效果，最终实现更好的经济效益和优良的市场口碑。

【任务目标】

- 掌握家庭农场提出的背景、内涵及特征

- 掌握家庭农场的创办条件和流程
- 掌握我国家庭农场经营的现状及经营模式
- 掌握家庭农场生产与经营管理的策略

【任务学习】

家庭农场营销从四个方面来学习，包括家庭农场概述、家庭农场创办条件和流程、家庭农场经营的类型、家庭农场生产与经营管理。家庭农场概述主要讲家庭农场提出的背景、内涵和特征；家庭农场创办条件和流程，讲述家庭农场创办的条件及申报流程，从而让更多的农户拥有家庭农场；家庭农场经营的类型，讲述家庭农场发展现状以及我国目前的家庭农场经营模式；家庭农场生产与经营管理，指出了家庭农场生产与经营管理的具体内容。

一、家庭农场概述

（一）家庭农场提出的背景

（1）大量农村青壮年劳动力外出务工，农业经营者呈现老龄化、女性化，“无人种田”的现象普遍化。

（2）我国农户分散经营，土地产出率低，资源浪费严重。

（3）我国政府已经看到家庭农场在现代化农村建设中的重要性。

（4）家庭农场能够有效解决城镇化进程中农村人口大量外流而导致的土地闲置抛荒问题。

（5）发展家庭农场是解决“三农”问题的新创举，对加快农业生产走向集约化、规模化、和商品化具有重要的意义。

（二）家庭农场的含义

家庭农场是一个起源于欧美的舶来词，2013 年我国中央一号文件指出：“鼓励和支持承包土地向专业大户、家庭农场，农民合作社流转。”“家庭农场”一词从此响遍九州。文件中的家庭农场是指以家庭成员为主要劳动力，从事农业规模化、集约化、商品化的生产经营，并以农业收入为家庭主要收入来源的新型农业经营主体。

（三）家庭农场的主要特征

1. 以家庭为经营单位

家庭农场的生产经营单位是家庭，相对于专业大户、合作社和龙头企业等其他新型农业经营主体，家庭农场最显著的特征是以家庭成员为主要劳动力，以家庭为基本核算单位。家庭农场在供应、生产、销售、成本核算、利润分配等环节都是以家庭为单位基础，这里所说的家庭成员不只是局限于同一户籍的家庭成员，它还包括有血缘关系、婚姻关系等大家庭成员。当然，家庭农场在播种、收割等农忙时也可以雇佣工人，只不过所雇工人总数一般不超过家庭务农劳动力总数。

2. 以农为主业

家庭农场经营者必须是农村户籍，长期以农为主，主要从事农、林、牧、渔种植业、养殖业，实行一业为主或种养结合的农业生产模式，以提供商品性农产品为目的而开展的专业化生产。但它的专业化生产程度和农产品商品率都明显地高于自给自足的小农户以及非农产业为主的兼业农户。家庭农场的主要收入来源是农业生产经营，一般要求农业收入应占家庭总收入的 60%以上，年总收入在 10 万元以上，这也是有别于传统小农户的经营方式。所以，无论是从经营者身份、经营方式还是经营收入看，家庭农场都是以农为主。

3. 经营规模适度

种植或养殖经营必须要达到一定规模才能称为家庭农场，这也是家庭农场区别于传统小农户的重要标志。但结合我国农业发展实际，家庭农场经营的规模并非是越大越好。一方面，家庭农场是以家庭为劳动单位，这势必会受到家庭成员劳动力数额有限的制约，但雇工过多，肯定会引起监工困难和成本增加等问题，所以家庭农场经营的规模必须与家庭劳动力相符；另一方面，家庭农场规模过大，管理不善也会导致土地产出率下降，可能还会面临二次转包土地的问题。经过多年的探索，有关专家在家庭农场的规模上一直强调“适度”两字，同时专家还强调这个“适度”要视每个省每个地区的标准而定，不能搞一刀切。一般情况下，从事种植业的，粮食耕种面积应在 100 亩以上（陕北 200 亩以上），果园面积 30 亩以上，设施蔬菜面积 20 亩以上，茶园面积 50 亩以上；牛存栏 100 头以上，猪存栏 300 头以上，羊存栏 200 只以上，鸡存栏 1 万羽以上；从事种养结合或特种种养业的，可适当放宽条件。

4. 农业规模化、集约化、商品化较高

家庭农场比一般小农户的规模更大，所以相对于散户来讲，家庭农场对农业生产更具专业化和规模化，另外家庭农场的收入主要依赖于农业生产，为了创收，家庭农场肯定会加大农业生产投入，着力引用新品种、新技术。这样一来，资源要素利用的集约化水平明显提升，土地产出率也会大大提高，商品化水平自然也会大幅度提升。

二、家庭农场的创办条件和流程

（一）创办家庭农场的条件

（1）适度规模。
（2）要有科技含量。
（3）要流转土地 100 亩以上用于农业项目。

（二）申办家庭农场的程序

（1）本人自愿申请办理家庭农场，可以申办以下几种形式：

① 个体工商户：本人自愿申请在家庭农场所在地的工商分局办理登记注册；

② 个人独资或有限责任公司：由投资者或股东自愿申请在县公共行政服务中心工商局窗口办理登记注册。

（2）家庭农场从事种植业的无须前置审批可直接申请办理；从事养殖业的需办理前置审批（动物防疫条件合格证）。

（3）个体工商户和个人独资企业的投资情况由申请人自愿认缴：有限责任公司的出资额，一人有限公司的注册资金不得低于 10 万元，两人以上有限公司注册资金不得低于 3 万元，另出资额应与实际经营规模相符。

（三）申办家庭农场的材料

（1）专业农场申报人身份证明原件及复印件；

（2）专业农场认定申请及审批意见表；

（3）土地承包合同或经鉴证后的土地流转合同及公示材料（包括土地承包、流转等情况）；

（4）专业农场成员出资清单；

（5）专业农场发展规划或章程；

（6）其他需要出具的证明材料。

三、家庭农场经营的类型

（一）我国家庭农场经营的现状

我国家庭农场经营最先出现在国有农场，国有农场在内部实行职工家庭承包责任制，形成了家庭农场为主的“大农场套小农场”的双层经营体制。由于我国地形复杂，气候多样，区域特征差异明显。因此，各地家庭农场经营规模差异较大。经营规模在 50 亩以下的家庭农场个数占总数的 55.20%，经营规模在 50 ~ 100 亩的家庭农场占比为 21.6%，组成了家庭农场的主要形式。而经营规模 500 ~ 1000 亩和 1000 亩以上的仅占 3.7%，所占比例较小。全部家庭农场中，经营行业变化不大，大多以种植业和养殖业为主，其占比分别为 47%、45%。但其经营范围却不断延伸，农产品涉及农、林、牧、渔业并且多样化特征逐步明显。但种养结合的家庭农场比例依旧不高，仅占家庭农场总数的 6%。

（二）我国家庭农场经营模式

目前我国家庭农场数量众多，经营模式也是多种多样，但大致形成了浙江宁波工商注册登记公司模式、上海松江村集体承租模式、湖北武汉连片开发模式、吉林延边经济组织模式、安徽郎溪示范家庭模式。

1. 浙江宁波工商注册登记公司模式

浙江宁波以市场为主导，培育一批生产蔬菜、瓜果、畜禽养殖等规模大户，规模大户还进行了工商注册登记，成立了公司，进一步寻求贴近市场的发展方式。如表 7.1 所示。

表 7.1 浙江宁波工商注册登记公司模式

家庭农场数	600 多户
平均年收入	租金+薪金收入
单户家庭农场面积	一般在 50 亩以上
显著特点	一般雇佣工人，有自主商标等

2. 上海松江村集体承租模式

上海松江采取以农户委托村委会流转的方式，将农民手中的耕地流转到村集体。土地流转到村委后，由区政府出面将耕地整治成高标准基本农田，再将耕地发包给承租者。如表 7.2 所示。

表 7.2 上海松江村集体承租模式

家庭农场数	1200 户左右
平均年收入	已达 7 万 ~ 10 万元
单户家庭农场面积	100 ~ 150 亩
显著特点	持证上岗、政府衔接产业链等

3. 湖北武汉连片开发模式

2011 年确定，支持发展家庭农场等新型经营模式，鼓励农村有文化、懂技术、会经营的农民，通过承包、投资入股等形式，集中当地分散的土地进行连片开发。如表 7.3 所示。

表 7.3 湖北武汉连片开发模式

家庭农场数	167 户
平均年收入	超过 20 万元
单户家庭农场面积	15 ~ 500 亩
显著特点	家庭农场主必须是武汉市农村户籍农户，具有高中及以上文化水平等

4. 吉林延边经济组织模式

从 2008 年开始，延边州在全州范围内探索家庭农场模式，形成了农村种田大户、城乡法人或自然人通过承租农民自愿流转的承包田创办的土地集中经营的经济组织。如表 7.4 所示。

表 7.4　吉林延边经济组织模式

家庭农场数	451 户
平均年收入	10 万元以上
单户家庭农场面积	1 275 亩
显著特点	可享受各项国家农业财政补贴政策，实施相关税收优惠政策等

5. 安徽郎溪示范家庭模式

从 2009 年起,郎溪县连续 3 年安排项目资金 90 万元,在全县优选 10 个家庭农场，每年为每个农场投入项目资金 3 万元，开展示范家庭农场建设。实行家庭承包经营后，农民家庭通过租赁、承包或者经营自有土地实现规模经营的形式。如表 7.5 所示。

表 7.5　安徽郎溪示范家庭模式

家庭农场数	216 户
平均年收入	人均纯收入：28 910 元
单户家庭农场面积	50 亩以上
显著特点	成立郎溪县家庭农场协会，创建科技示范基地，目前已创办示范农场 20 个

四、家庭农场经营和管理

（一）家庭农场规划和布局的原则

（1）建成规模较大或特大，绝大多数土地连片，有独立而明显的边界的家庭农场。

（2）建成内部自成体系的水利和道路设施，规模大时还要建设通电和通信设施，从而与外界进行良好衔接。

（3）兴建有鲜明个性特征的住宿、饲养、加工等设施。

（二）家庭农场经营策略

如果资金不够雄厚，就做小而美的农场；如果自认雄厚，就尝试大而全的模式。

1. 树立农游合一、销售绿色的经营理念

树立农游合一的经营理念。比如亲手收获绿色农产品，亲自喂养活泼可爱的小动物，亲自垂钓现做成菜等，挖掘特色，打造精品，增强参与性和知识趣味性，增加农场旅游的吸引力。同时要注重销售绿色。

2. 在农场营造生态、文化环境，让顾客能参与其中，体验内容

让生态体验和文化体验紧密结合，以满足顾客远离原生态的自然环境后产生越来越渴望亲近自然的诉求。

3. 全员培训，传播农场文化理念

针对实际情况，加强对从业人员的培训，以规范的服务来引导和促进农场休闲体验活动的开展；充分挖掘和总结地方风土人情及农场的风俗文化，并加强对农场从业人员这方面培训，使农场活动与农场的民俗风情和乡土文化实现有机结合，提高农场的文化品位和服务档次。

4. 做好配套设施建设，营造良好休闲体验大环境

从交通入手，提高农庄的通达性，给出周末和节假日到农场的交通线路，并将农场周边的景区及特色农场进行标注介绍，为顾客出游提供方便；从服务条件入手，创建舒适、亲切、自然的服务环境；从整体入手，加强治安和卫生管理，提高从业人员的综合素质，营造山美水美人更美的农场旅游大环境。

（三）家庭农场营销策略

1. 重视口碑营销

农场经营者运用微博、微信、网站等各种社交手段，激发顾客对农场产品的品质服务及农场形象的谈论和交流，并激励顾客自发地向其周边人群介绍和推荐的旅游市场营销方式。口碑营销从员工做起。

2. 选择适当的体验营销策略

农场以服务为重心，以产品为素材，在营销推广的过程中，塑造感官体验以及思维认同，以此吸引消费者的消费行为。

3. 发展多种营销渠道

在不放弃传统营销方式的基础上，积极拓展网络分销渠道。农场针对顾客喜好，调整现有产品形态，利用社交媒体的特性，通过互动低成本打造品牌，提高知名度。

【任务训练】

1. 简述家庭农场的概念。
2. 简述家庭农场的特征。
3. 简述家庭农场的经营策略。

【任务拓展】

家庭农场农产品的促销方式

家庭农场农产品推广有以下几种方式：

1. 现场促销

根据家庭农产品的特点，农产品的营业推广可采用特价、价格折扣与优惠券、免费品尝、展销会等现场促销方式。

2. 免费体验

召集消费者进行“农场体验”活动、“农业观光旅游”或者“农家乐”等实地体验方式，增强消费者对产品的直观感受，从而建立对产品的信任感，促进就地应时消费。

3. 网络平台

利用微信、微博、QQ、抖音、快手、淘宝等网络平台推广销售，也可通过互联网在网上相关美食论坛、果蔬论坛等构建宣传帖进行促销。

4. 会员制模式

随着人们经济条件的好转，绿色健康成为追求的目标，家庭农产品的吸引力也因此越来越大。找准目标客户群体，建立会员制供需关系，随之形成固定的销售渠道，同时通过会员的辐射传播扩大销售的市场。

5. 订单制模式

使家庭农产与相关食品、保健品等加工经营公司达成合作协议，并建立长效的合作机制，形成稳定的销售渠道。

6. 认养销售

开展认养销售模式，将“QQ 农场”搬到现实生活中，让客户既是消费者又是生者，参与到农产品的生产中，增强趣味性。

任务三　生态农业营销

【任务描述】

假如你是一名生态农业的科技开发人员，只有具备生态农业相关模式的理论知识和技术能力，才能开发出适合市场需求的现代化农业，才能满足不断变化的市场需求，实现经济效益的最大化。如何实现生态农业现代化？要求必须掌握生态农业的特点及优缺点，熟悉各种生态农业模式并掌握其具体的运用策略，从而提高经济效益。

【任务目标】

- 理解生态农业的含义
- 掌握生态农业的相关特点
- 认识生态农业的优缺点
- 熟悉各种生态农业模式
- 掌握各种生态农业模式的具体运用策略

【任务学习】

一、生态农业概述

生态农业是指在保护、改善农业生态环境的前提下，遵循生态学、生态经济学规律，运用系统工程方法和现代科学技术，集约化经营的农业发展模式，是按照生态学原理和经济学原理，运用现代科学技术成果和现代管理手段，以及传统农业的有效经验建立起来的，能获得较高的经济效益、生态效益和社会效益的现代化农业。

中国的生态农业包括农、林、牧、副、渔和某些乡镇企业在内的多成分、多层次、多部门相结合的复合农业系统。20 世纪 70 年代主要措施是实行粮、豆轮作，混种牧草，混合放牧，增施有机肥，采用生物防治，实行少、免耕，减少化肥、农药、机械的投入等；80 年代创造了许多具有明显增产增收效益的生态农业模式，如稻田养鱼、养萍，林粮、林果、林药间作的主体农业模式，农、林、牧结合，粮、桑、渔结合，种、养、加结合等复合生态系统模式；鸡粪喂猪、猪粪喂鱼等有机废物多级综合利用的模式。生态农业的生产以资源的永续利用和生态环境保护为重要前提，根据生物与环境相协调适应、物种优化组合、能量物质高效率运转、输入输出平衡等原理，运用系统工程方法，依靠现代科学技术和社会经济信息的输入组织生产。通过食物链网络化、农业废弃物资源化，充分发挥资源潜力和物种多样性优势，建立良性物质循环体系，促进农业持续稳定地发展，实现经济、社会、生态效益的统一。因此，生态农业是一种知识密集型的现代农业体系，是农业发展的新型模式。

二、生态农业的优缺点

（一）优点

生态农业针对我国地域辽阔，各地自然条件、资源基础、经济与社会发展水平差异较大的情况，充分吸收我国传统农业精华，使各区域都能扬长避短，充分发挥地区优势。

生态农业能够保护和改善生态环境，维护生态平衡，提高农产品的安全性，把环境建设同经济发展紧密结合起来，在最大限度地满足人们对农产品日益增长的需求的同时，提高生态系统的稳定性和持续性，增强农业发展后劲。

生态农业通过物质循环和能量多层次综合利用和系列化深加工，实现经济增值，实行废弃物资源化利用，降低农业成本，提高效益，为农村大量剩余劳动力创造农业内部就业机会，保护农民从事农业的积极性。

（二）缺点

1. 理论基础上不完备

生态农业是一种复杂的系统工程，以前的研究，往往是单一学科的，因此可能对这一复杂系统中的某种组分有了一定的、甚至是比较深入的了解，但是对于这些组分之间的相互作用还知之甚少。

2. 技术体系不够完善

在一般情况下，农民们并没有足够的理论知识和经验对这一复合系统进行科学的设计，而简单地照搬另一个地方的经验也是非常困难的，往往并不能取得成功。在生态农业实践中，还缺乏技术措施的深入研究。

3. 服务水平和能力建设不能适应要求

对于生态农业的发展，服务与技术是同等重要的。但目前尚未建立有效的服务体系，在一些地方，还无法向农民们提供优质品种、幼苗、肥料、技术支撑、信贷与信息服务。

三、生态农业的模式

目前，我国生态农业的实验和研究正逐步在全国范围内展开，许多生态农业试验点不断涌现，并创造出较为理想的生态农业模式。

（一）种养结合循环型生态农业模式

依托龙头企业、专业合作社、家庭农场等市场主体，合理建设产业类型，以沼气工程为纽带，将畜禽养殖业与种植业有机结合，形成区域农业内部循环机制，促进农业资源多层次开发利用，提高资源利用率，减少污染物排放。

北京市大兴区留民营村是世界闻名的生态村。全村按照生态学能量流动原理，因地制宜地进行产业结构调整。为了充分利用秸秆，重点发展了饲养业，先后建立起奶牛场、鸡场、鸭场、猪场和养鱼场。与此同时，为农业服务的饲料厂、面粉厂、食品厂也相应建立起来。逐步形成一个农林牧副渔全面发展、种养加多种经营的生产结构。留民营村以农作物秸秆和粮食加工产生的米糠、麸皮作为饲料送到饲养场，牲畜粪便和部分秸秆进入沼气池，产生的沼气供农民作生活燃料。沼气渣和水，一部分送至农田，一部分送至鱼塘，一部分沼气渣加工后又是好饲料。鱼塘的塘泥又是农田果园的好肥料，豆制品厂的下脚料用来喂奶牛和猪。鸡粪既用作肥料，发酵除臭后又是猪的好饲料。通过这样的综合利用，不仅促进了系统内粮食、牲畜生产的发展，增加了经济效益，降低了污染，净化了环境，还改变了农田施肥结构，使初级生产的光能利用率、能量转换率和秸秆还田率都大大提高，从而促进了自然资源的保护和利用，增加了农业发展的后劲。

（二）空间多维开发型生态农业模式

这种模式通过合理组装，粗细配套，对空间进行多维度开发，大力发展多物种共存、多层次配置、多级物质能量循环利用的立体种植、立体养殖或立体种养生态农业，致力建立优质、低耗、协调的农业生态系统。因地制宜推广丘陵山地、农田、水体、庭院等立体农业综合利用技术，形成一批“猪沼果（茶—菜）”“林下养殖”“稻渔共生”“鱼菜共生”“农林废弃物—食用菌—有机肥”等生态循环农业示范区基地。

空间多维开发型生态农业模式以我国广东省珠江三角洲的桑基鱼塘为典型代表（见图 7.1）。这里地势低洼，常受水淹。农民就把一些低洼田挖成鱼塘，挖出的土将周围的地势垫高，并将各个池塘隔开，叫作基。在基上种果树、蔬菜、甘蔗，分别称为果基鱼塘、菜基鱼塘和蔗基鱼塘。在基上种桑养蚕，形成桑基鱼塘。桑基鱼塘基上的桑树是生产者，蚕以桑叶为食，是第一级消费者，生产丝、茧、蛹，排出蚕粪。塘里的鱼是第二级消费者，为充分利用各种饲料和立体空间，施行不同鱼种分层放养，上层鱼吃剩的残余物及粪便成为下层鱼的饲料，鱼类的排泄物和其他动植物的残骸又被微生物分解为含氮、磷、钾的简单物质，混入塘泥。这种塘泥肥力高、肥效长，又有抗旱和防止杂草滋生的作用，是施用于桑基的好肥料，从而进入新的循环。这样就构成了一个水陆相互联系、动植物相互作用、物质循环和能量层层利用的农业生态系统，形成“桑茂、蚕壮、泥好、鱼肥大”的有机联系。

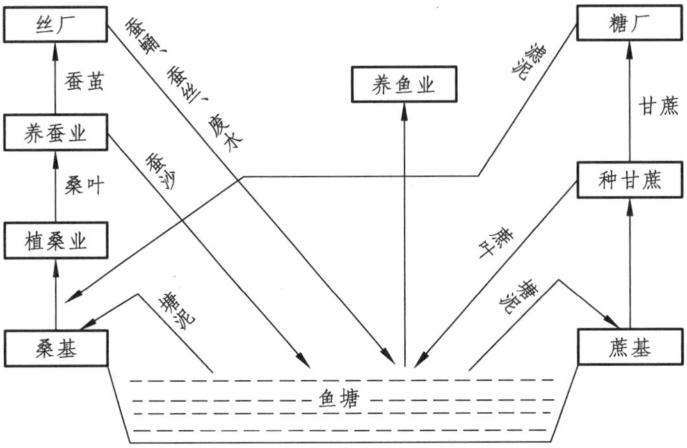

图 7.1　桑基鱼塘

（三）多功能融合型生态农业模式

依托生态农业建设，加强休闲农业、观光旅游、自然景观等多功能特色，加强农业和农村基础设施建设，大力发展乡村旅游和休闲农业，扩大农业消费。发挥农业功能，提高农业效益，培育农村新的经济增长点。

江西省吉安市三角梅农业主题公园：传统农业遇上文化创意的精彩。本项目基于区域自然、人文资源概况，明确了一个特色化的主题定位——“最多彩的三角梅花海”，并以主题观光旅游、农业主题休闲、创意农业展示、智慧农业研发等为功能定位，进行项目的打造，注重创意、多彩、智慧、缤纷等要素的融入，为了展现地块文化荟萃、生态健康、缤纷多彩、动感时尚的气质，在确定项目案名、主题、形象及产品等内容后，将以上元素进行完美的融合及创新，以打造独一无二的多彩创意农业园。

江西省吉安市三角梅农业主题公园：传统农业遇上文化创意的精彩——北京山合水易规划设计院

（四）互联网+科技型生态农业模式

促进信息技术与农民生产生活的深度融合，依托农业物联网企业，充分利用互联网资源，直观监控生态农业生产全过程，提高公民生态产品的可信度，实现农产品的优质价格。

如云联牧场、深圳农金圈金融服务有限公司就是采用的这种模式。

（五）庭院经济型生态农业模式

在农户分散、传统农业模式为主体的地区，通过生态农业技术的普及和应用、公共基础设施建设、农业投入监管等综合措施，进行传统农业的生态转型升级。重点建设生态农业示范村，建设生态牧区，推广绿色生产技术，加强农业投入监管，改善农业生产环境条件，创造优质的生态农业产品。

浙江省安吉县鲁家村就是采用的这种模式。

【任务训练】

1. 简述生态农业及其特点。
2. 简述生态农业模式。
3. 简述在农户分散、传统农业模式为主体的地区，应选用怎样的生态农业模式。
4. 简述生态农业的优缺点。

【任务拓展】

努力构建生态农业“三大机制”

1. 探索生态补偿机制

开展农业生态补偿试点，率先利用畜禽资源、综合利用稻草、回收农膜，制定补偿措施，明确补偿范围、补偿的主体、与补偿的联系，以及完善补偿标准和操作规范，总结推广和促进农业绿色发展的经验。

2. 建立生产跟踪机制

通过建立生产台账，对农业生产过程和投入“路线”进行长期的监督管理，跟踪农产品“路线”，形成可追溯的农业生产和消费全过程。鼓励在农业龙头企业、种养殖大户、农民合作社、家庭农场、生态农业示范村等开展生产台账建设，主要包括化肥、有机肥、农药、农膜等农业投入品用量、使用面积、作物产量、耕种方式等，以年为周期，严格记录每次生产投入品的用量、使用面积、使用时间、作物种类、作物产量等基础信息，提升监管水平。

3. 构建环境监评机制

对农业生产区和重点环境区的环境进行跟踪监测，制定不同区域和行业的环境监测方案，明确监测指标，动态掌握农业生产区的环境质量。对于一些农田环境超标的地区，协调监测土壤环境和农产品相关指标，掌握环境变化对农产品质量的影响。

项目八 文化创意营销

任务一 “农产品+文化创意”营销新思路

【任务描述】

假如现在有一批质量很高的农产品，通过本任务的学习，你如何运用所学的农产品文化创意知识将农产品卖出去呢？

【任务目标】

- 掌握文化创意营销的概念
- 熟悉农产品文化创意营销新思路

【任务学习】

一、文化创意营销

（一）文化创意营销的概念

文化创意是以文化为元素，融合多元文化，整理相关学科，利用不同载体构建的再造与创新的文化现象。所谓文化创意产品，就是其创意来自文化的产品设计，主要是透过文化器物本身所蕴含的文化元素，予以分析转化成设计要素，并运用设计为文化因素寻求一个符合现代生活形态的新形式，并探求其使用后对精神层面的满足。彼得·德鲁克曾经说：营销的目的就是要使推销成为多余，营销的目的在于深刻地认识和了解顾客，从而使产品或服务完全适合他的需要而形成产品的自我销售。因此，农产品文化创意营销就是基于目标市场中目标消费群的文化，发掘能满足消费者的文化内涵，以文化赋予农产品创造性的思想灵魂，从而引起消费者物质和文化自我需求的满足。

（二）文化创意营销的特征

1. 具有创新性的创造力

文化创意就是将艺术、文化、生活等创意元素植入相关行业，将包括产品创意、经营创意、推广创意、销售创意等各种独一无二的创意串联起来，推动观念、信息、技术、资金、销售网络的结合，再延伸至其他产业链，实现与创意、创新价值的融合，从而提升产品的附加值，形成强大的创意经济。

2. 具有深远的文化性

文化创意就是把具有创新性、创造力的一种文化理念或独特的思想等无形的资产转化为有形的产品，通过商品把隶属于本国的深远的文化挖掘出来，跟人们的意识产生思想碰撞，从而使创意商品思维化。

（三）新形势下文化创意营销的意义

21 世纪是知识经济时代，也是体验经济和创意经济时代，随着我国农业市场化程度不断提高，农产品销售问题成为农业发展必须面对的课题。农产品营销关系到农民增收，也影响着农产品的市场竞争力。在创意经济时代，经济发展的思维和方式不断地转变，产品生产和营销的方式与观念也在不断深化，传统产业的发展轨迹和思路正在慢慢地被文化创意产业所展现的生机与活力融合并改变着，在传统的农产品营销观念已经不能满足农业现代化发展需求的时候，借助于创意经济的思维逻辑和发展理念来创新农产品营销势在必行。

（四）我国农产品营销的现状

1. 产销机制落后

由于多方面的原因，我国的农产品精加工、深加工能力较弱，产品的科技含量较低，大部分产品以初级形态面市，加之绝大多数农产品生产以农户为单位，分散经营，只有极少数产品是产业化、规模化产销。此外，产品包装落后，缺乏品牌运作，销售网络不规范，分销情况既乱又散，这些都极大地制约了农产品的产销规模化、现代化和品牌化运作。

2. 营销观念滞后

在农产品的实际营销运作过程中，能够合理有效地应用现代营销理论，并在实际操作中取得成功的案例相对较少。特别是在我国很多的中小城市、中小农业企业，农产品市场营销能力远远落后于市场发展的需求。从营销形式上看，大多数农产品交易仍然还是较为传统的现货交易，这不仅增加了农产品物流负担和运输损耗，还限制了农产品交易的时间和地理范围，导致交易效率低下；从营销对象上看，深加工、高附加值的农产品市场份额相对较低。

3. 品牌化程度低

当前，我国大部分地方政府在农业发展问题上的认识还相对滞后，对“三农”问题的研究和实践还缺乏高效性，而企业和农户的经营观念、生产水平和营销能力更是跟不上时代的发展和市场的需求变化。大部分农业企业家因注重生产环节，而忽视了市场经营部分，认为“好酒不怕巷子深”，从而缺乏对农产品品牌建设的关注和投入，缺乏强烈的品牌意识，造成很多农副产品都是“养在深闺人未识”，这不仅造成了产品的利润低下，也导致产品销量上不去。

4. 消费者消费习惯出现新变化

如今随着经济的发展，人们的生活水平得到了很大提高，因此消费者对于农产品的消费习惯和消费行为在悄然发生变化。新时代的消费者更关注消费体验，包括舒适、便捷、安全、速度、愉快等内心的满足和幸福，早已不再单纯地追求产品的物质效用。总而言之，在社会经济不断发展完善的今天，随着城乡居民消费水平的不断提高，大多数消费者对于情感的需求越来越强烈，产品的文化含量越高，越容易为消费者所接受。

因此，充分运用文化创意、智慧和灵感，使农业的发展更具时代气息和文化品位，使得农产品的特色更加符合城市居民消费者的胃口已势在必行。在创意经济思维的引导下进行农产品营销，可以将更多的资本、技术和人才等资源要素聚集到农村地区，进而促进城乡之间的交流。

二、农产品文化创意营销成功案例

（一）台湾掌生谷粒的案例

掌生谷粒是台湾地区知名农产品品牌，其品牌创始人之一的程昀仪曾是一位资深广告人，与摄影家丈夫李建德于 2006 年创办了掌生谷粒。他们以广告人的营销眼光+摄影师的文化眼光，造就了“掌生谷粒式的独特风格”。掌生谷粒的成功秘诀归纳如下。

1. 经营中处处表现出对农家付出的敬佩

掌生谷粒没有用大量采购以求压低农家的价钱和利润的传统大盘商经营手法，而是反其道而行，他们请农家自行开出合理的米价，从不还价，这也是掌生谷粒的初衷——让农家优先获利！因为他们认为这些辛苦的农家才是土地的守护者，唯有让农家拥有无后顾之忧的基本生活，才会让吃饭的消费者大众吃到来自土地的祝福，帮助认真做自己的小米农走出一条与众不同的道路，进而也打出掌生谷粒的品牌。同时掌生谷粒也很有诚意地带动这些农家，将自己所知与这些农家们分享，要如何栽种出好的品种，让他们的产品有所提升，可以卖到更好的价钱，而能推出更好的产品。

2.“消费者可以接受不完美，但不可以被欺骗”

因为从普通种植转换到有机种植的土地至少需3年的时间，这段时间的土地产量低，产出的米口感没那么好，掌生谷粒在出售转换期的稻米时会提前告知消费者这款米的不完美，可能没那么好吃，但反馈比预想的好很多。大家用行动给予这片转型期的土地以希望。

3. 传统产业加入文化再生的艺术

拥有好的农产品，还需要营销方式的创意提升，才能带来农产品销售的成倍增长。营销过程的创意提升，是指抓住游客的消费心理，通过文化注入、名人品牌带动等方式，将产品特色进行极致展现，进而实现农产品销售的持续升级。2006年起，掌生谷粒粮商号从日常生活的碗底出发，探访台湾各地用心耕作的稻农，以文字书写、用影像记录。在这趟米的旅行里，他们在花东的田野里找回农业时代吃到新米时的纯然感动，同时，也在台湾的饮食文化底蕴里发掘到台湾农业的生机与商机，借着精致的手工包装与诚恳的农家记录，掌生谷粒逐步建立起小小的农业品牌，并于2009年入围数位时代人气卖家100强，同年5月由天下杂志社出版《掌生谷粒——来自土地的呼唤》一书，这样的品牌经营模式的成功并非偶然，而是源自精致饮食的生活需求，同时，也深深地感受到，在既有的农产销售体系之外，消费者更需要的是—生活风格的提案者、饮食安全的把关者与产业创新的先驱者。

掌生谷粒作为台湾的一个农业品牌向内深度探索，以精致且细腻的手法创造了台湾农产品的附加价值；向外输出文化，传递台湾在地生活的文化价值。

这个农学品牌既照顾到产地的“生意”使之生生不息，并且，借由经营过程中的记录与传播，提升产品形象、深化产品价值。

4. 创新的农业产销模式

掌生谷粒认为最为极致的行销，就是做自己，做独一无二纯然真实的自己，依循着自己生活体验与生命经验的积累，推出原创商业模式，掌生谷粒的做法如下。

（1）天然本味的食材。

经过长期的参与记录，掌生谷粒严选其中各具特色的稻米产销班合作，他们是具有百年米场优良传统、有机天然栽种、青年农夫手做的款款好米。再者，即使他们都具备了生产履历，或通过慈心，或ISO22000认证。

（2）原创的设计概念。

古朴的牛皮纸袋、用揉制而成的纸藤一圈一圈地绑紧扎牢，最后贴上棉纸外衣，用书法手写产地、产品与生产者的故事，保证不能久放的包装，只是为了让大家尝到原始新米的纯然感动。

（3）客制化商品服务。

掌生谷粒既有的产品线均支援客制服务，对于小量特殊需求的客户，他们会依顾客需求进行标准商品的客制化服务；对于大量商务需求的企业客户，他们针对企业端的预算与目标，从产地产源出发量身定做商品。

（4）深度的参与体验。

各地区不同的风土条件造就了独特且无可取代的食材滋味与饮食文化，掌生谷粒除了以文字影像对自家产品进行深度记录外，同时也与各地农作单位进行合作企划，邀请客户亲身体验。不论是跨时空的参与，抑或是亲身投入其中，他们诉求的是一种直接亲近土地的深度感动。行销一件商品的同时，他们也行销一个地方。

（5）使用者的自我参照。

被誉为网络原生品牌的掌生谷粒，除了实体书本的出版、擅用网络超链接、多文本的特性，为顾客提供大量的影像文字素材，同时，只贩卖食品原料的坚持，让购买掌生谷粒商品与服务的顾客，能够在初级食材的料理与烹饪之中生产自我的故事、意义与联系。

（6）用简朴的方式包裹最敦厚的情感。

对于土地的和食物的态度，更能反映一个社会的良心，掌生谷粒认为“有机的耕作，是一场安静的农业革命”。如果要保护这些守护土地的农家的米不被大米厂低价收购，他们就得用更多的人力、时间去制作出一包一包风味纯朴的米，对于这样精心培育出来的粮食，更要以用心的包装来衬托。于是他们把刚刚收成的会呼吸的大米，裹在手感十足的牛皮纸里，纸藤搭配着棉纸，还用带点笨拙的手写体描绘着关于米的故事。每一包米都手工称重、包扎，严谨而扎实，携带这一季最温热敦厚的情感，让吃米的人不仅尝到了最原汁原味的大米，更从平凡真实感人的故事中获得心理上的满足。

如图 8.1 所示，这样带有泥土和稻花芳香的设计，最终获得了包括 2010 年台湾文创精品金奖、2011 年德国红点设计大奖和 2011 年亚洲最具影响力设计大奖在内的诸多奖项。这就是掌生谷粒。对于扎根美学传统的理解和呈现，即便在获得了德国红点设计奖等无数的设计大奖后，程昀仪仍坚定地说道：“我们一直用最安静温柔的方式进行一些小小的革命，把每一个农业作者的收成变成一份谢天谢地的礼物，目的要让更多美好的物种与生命共同在台湾这座岛屿上，生生不息，安居立命。”

图 8.1　牛皮纸包装的大米渗透着文化的气息

（二）掌生谷粒给我们的启示

台湾地区成功的农产品新营销除了掌生谷粒外，还有马拉桑小米酒等一些悠久历史的品牌产品。这些产品共同点无非就是用文字、影像等外在手段激起人们情感的共鸣，产品新颖的外观设计给人以文化气息十足的外观体验。而我们现今依靠网络贩卖农产品直接呈现产品的样子，缺少了文化的包装，让人感觉产品档次低廉，高端的消费群又怎能喜欢上这样的产品呢？因此塑造卖高价的理由，我们必须挖掘农产品本身的特色，以及当地的自然环境和文化背景进行诉求，尽量突出人无我有、人有我精、人精我异的特色。同时对许多名特优的农产品来说，背后都有一段特别的传奇和故事，作为经营者其实不仅仅在销售农产品本身，也是在销售和推广一种文化、一种理念、一种生活方式。

三、农产品文化创意营销思路

（一）加强文化导入

1. 注重产地地理标志文化

地理标志的形成是历史积淀的产物，是有关地理区域生产者几十年甚至上百年的努力和智慧的结晶，需要大量的人文和经济资源的投入，其具有无与伦比的竞争优势。

2. 充分挖掘历史文化资源

借助中国悠久的历史和厚重的文化积累，将具有浓厚历史文化渊源的农副产品进行充分的挖掘和有效的开发，进而转化为消费卖点和经济效益。

3. 注重挖掘农产品本身文化内涵

许多农产品本身也蕴含着丰富的、美好的文化象征，比如苹果代表着平平安安、凤梨代表着万事兴旺、火龙果代表着红红火火等。

4. 创新传统的生产工艺，强化文化价值体现

农产品的生产过程、加工工艺往往更能够体现当地居民的生活习俗、传统文化，承载着当地居民的知识创造和人文思想，具有较高的文化价值和历史内涵。

（二）注重创意设计

1. 利用文化创意思维创新传统农业的发展形态

通过拉伸产业发展链条，建设发展包括生态农业、观光农业等现代农业经济形态，实现农业的集群化发展，增加创收环节，提高综合效益，实现三次产业的融合。

2. 利用文化创意拓展传统农产品功能和形象。

普通的农产品注入科技、文化内涵，通过改变其形状、色彩等，提高产品的附加值，就能充分激发人们的好奇心，吸引消费进行购买体验。在农产品的包装设计方面，要注重挖掘产品的文化内涵，根据文化特色形象地展示在包装上，要注重包装材料选择，在图案设计、色彩与文字说明等方面要合理搭配、协调统一。要始终结合目标市场的文化定位，加强突出农产品的地域文化特色和核心价值内涵，不断树立独特的产品形象。

3. 利用文化创意开发新的农业产品

在产品组合上，注重搭配，包括颜色上的搭配、文化意义上的融合、产品营养上的互补等，进而开发出新的文化创意农产品。此外，通过运用现代科学技术，融合文化创意思维，开发出更具科技含量、更具文化价值的农副产品。

（三）创新整合营销

1. 文化营销

充分挖掘和开发利用自然、历史、人文等文化资源，抓住消费者的精神消费需求，以文化为促销手段，通过文化营销对接农产品品牌与消费者需求，提高产品的市场认同度。

2. 情感营销

提供能够刺激消费者内心情感的卖点，包括在农产品的命名、包装设计、广告宣传、促销等环节中注入情感因素，把原本没有生命的产品拟人化，以此来唤醒和激发消费者的情感消费。

3. 体验营销

为了满足人们在视觉、听觉、触觉、味觉和嗅觉等感官上的体验需求，通过传统文化、现代科技、文化艺术、自然风景和创意智慧等手段来增加产品的体验感，利用人们对于农业领域的自然和人文等特征的新奇感和好奇感，提供给人们亲自体验农业领域各个环节的机会，进而增强产品营销的魅力。

（四）注重品牌运作

创意经济时代的产品形象设计，可通过巧妙运用包括图形、语言、色彩、符号等产品个性形象系统，使得产品附加价值为消费者所认可，从而构筑产品独一无二的个性形象，这就是我们常说的差异化设计和符号营销。创意经济时代，产品品牌化运作需要从各个方面入手，需要各方的合力而为，从企业的角度来分析，其首要任务是完成从开发商品本身到开发商品价值符号系统的这一转化过程。产品的品牌一旦被消费者认知，消费者本身就会成为商品的推广者，在无形中成为产品最好的营销者。

（五）创新运用新媒体

创意经济时代，随着信息技术的发展和计算机的普及化，新媒体的发展已经改变了传统产品的宣传推广方式。广告传播的重点已经转向无纸化、知识化、智能化和网络化，具体表现为传播媒介由广播、电视、报纸等传统媒体转向微信、抖音小视频、微博、QQ 为主的互联网新媒体。新媒体的便捷、高效、受众广、生动形象等特点，能更加有效地完成目标产品的营销，并扩大产品的营销网络。

（六）加强人才与组织培养

创意经济时代的营销组织创新，主要是从传统的等级制度到柔性的营销组织的转变过程，这种转变过程包括建立起具有扁平化、网络化、智能化、虚拟化以及全球化特征的组织。此外，除了充分运用和创新农业合作社这一农产品营销组织的主要形式，还需要在农产品营销组织中嵌入文化因素，将文化融入营销组织的各个部分，使得营销组织的运营机制更加流畅、更具效率、更加完善。创意经济时代下，农产品的营销需要一批既懂得文化创意又了解农业生产运作的人才。所以，在营销人才的培养上，应更加注重培养具有农业专业知识和创意能力的复合型人才，并且建立全方位的职业培训和人才培养机制，打破第一产业和第三产业间人才观念意识上的隔阂，进而为农业文化创意产业的发展提供源源不断的人才储备。

【任务训练】

1. 文化创意营销的特征有哪些？
2. 农产品文化创意营销的思路有哪些？

【任务拓展】

营销型包装很重要

在我国，农产品长期以来不注重营销，有品类无品牌，土气的形象在消费者心中根深蒂固，这些因素导致我国的农产品一直处在原材料低价倾销的阶段，好产品卖不上好价格。要改变这种状况，必须立足于以下四个“创新”。

1. 品类创新

被誉为“定位之父”的艾·里斯在《品牌的起源》一书中指出“消费者以品类来思考，以品牌来表达”，品类创新是打造品牌最为重要的手段。农产品天生具有高度均质、弱差异的特性，比如大米，如果不仔细看，我们很难从外表上区分五常大米与普通大米，只有吃过才知道，这也为营销带来很大的难题。因此，农产品的营销第一步就是要走出同质化的困境，通过种养技术的创新实现品类差异。例如，新西兰将原产自中国的猕猴桃引进之后进行了改良，推出了口味偏甜的全新品种——黄金奇异果。相比口味偏酸的中国猕猴桃，这一改良品种更受市场青睐，而且不仅味道变了，外观上也与之前有所不同：原先是绿色果肉，现在是黄色果肉。通过品类创新，新西兰成功抢占了中国猕猴桃的市场，而且价格是猕猴桃的 10 倍，目前新西兰佳沛品牌奇异果的销量已经占到了全球市场的 28%。

2. 包装创新

俗话说“人靠衣装马靠鞍”，农产品也需要包装，而目前我国农产品的包装意识还很淡薄。大部分农产品没有包装，即使有包装也很粗糙。农产品本身是高度均质的，要像佳沛奇异果那样通过技术的手段来改变产品本身的形态非常难，大多数时候农产品的差异化可以通过包装的创新来实现。比如好想你的枣，通过口香糖+烟盒包装创意，将原来的厨房用品变为休闲食品，大大提高了枣的附加值；御食园把北京大串的冰糖葫芦包进了糖纸里，创造了迷你型冰糖葫芦；香飘飘把珍珠奶茶从街边店搬进了工厂，装入杯中，一年卖出了七亿多杯。受传统思维的误导，很多从事农业的人认为包装只是形象工程，产品才是根本，但随着人们生活品质的提升，对产品的要求也越来越高，不仅要求产品好吃，还要有档次，除了自己吃，还可以当礼品赠送亲朋好友，这都要求企业要在包装上下功夫。而且，包装是品牌的载体，没有包装，消费者就无法辨认出品牌。

3. 渠道创新

通常的营销逻辑是价格决定渠道，比如佳沛、杜乐这类进口水果就不能在菜市场上卖，而须进有机食品专卖店等高端渠道，但反过来，通过渠道的改变也可以改变原先的产品层次，提升品牌形象。比如，好想你枣通过自建专卖店的形式塑造了高端枣的品牌形象，与农贸市场上的枣产品进行了区分；獐子岛渔业集团通过与茅台、五粮液、剑南春等高端酒品牌以及星级酒店开展渠道跨界合作，迅速树立起了高端品牌形象；褚橙借助网络渠道，迅速摆脱了土特产的品牌形象，变成了年轻人的励志水果。通常，农产品的销售主要是通过批发市场一级级地往下分销，最后在农贸市场与消费者见面，给人的印象只有一个字：“土”。要改变这种消费认知，走品牌化路线就必须走出农贸市场，通过渠道创新来拉升产品的层次。

4. 定位创新

营销的终极战场不是工厂，也不是市场，而是消费者的心智。因此，市场上有什么产品不重要，重要的是它在消费者的心智里能否占有一席之地。用定位理论来说，营销就是抢占消费者的心智资源，寻找定位的过程就是概念创新的过程。例如，王老吉凉茶打造了“怕上火”的概念，开创了一个新品类；营养快线创造了“早餐饮料”的概念，成就了一个长盛不衰的单品；六个核桃塑造了“补脑”的概念，为其带来了 100 亿元的市场份额；极草通过“冬虫夏草，可以含着吃”领跑虫草市场……这些案例的成功，充分说明了概念创新的巨大威力。定位创新的诀窍就是寻找消费者的痛点，越痛，效果越明显。

以上四点创新，如果你不知道从何下手，可以选择其中一个先做，不一定全都做。这些创新不一定适用于所有人或产品，但是这是一种思维方式，由这些点同样可以联想到具体的产品或渠道上的细节创新。

任务二　农产品创意营销案例

【任务描述】

假如你是一名农产品营销员，面对竞争激烈的农产品市场，要求必须具备能满足“刁钻”消费者需求的理论知识和营销能力，才能让农产品的销量更大，销路更广。如何让农产品营销更有创意，除了要掌握农产品创意升级的方法，创意营销的措施也不容忽视，只有这样才能达到最佳的效果，最终实现产品的竞争能力，提高农业经济效益。

【任务目标】

- 了解农产品营销存在的主要问题
- 掌握农产品从种植加工到品牌的设计和推广的理论知识
- 通过经典案例的学习，掌握农产品创意营销的方法并运用于实践

【任务学习】

农产品的文化创意对农产品的销售具有十分重要的作用。为了让更多的农产品告别土里土气，让农产品逐渐变得时尚、温暖、有趣、更有创意，销量更大，销路更广，我们就必须从多个维度思考这些问题。

如今，从农产品的种植加工到农业品牌的设计和推广，文化创意在农业领域的运用愈发广泛，以前的土特产逐渐变得时尚、温暖、有趣，不仅能满足我们的味蕾，还能品出时尚的味道！在消费者越来越“刁钻”的需求面前，如何让农产品更有创意呢？今天为大家总结了四个维度，让农产品彻底告别土里土气！

一、农产品种植过程创意升级——让农产品长成艺术品

这是种非传统自然农耕种植生产方式，人为地对农作物的生长进行约束控制，将科技理念、艺术设施应用于农业生产之中，在隔离农药等外界不利环境影响的基

础上，构建奇特的艺术农产品。代表性农产品："形状特别的瓜果"、"永不分梨"酒、盆栽苹果。

（一）"形状特别的水果"为什么这样受青睐

在我们普通人的意识里西瓜基本上是圆形的，很少有人见过其他形状的西瓜，如方形的西瓜或者心形的西瓜。方形的西瓜主要来源于日本，日本的西瓜基本上是方形的，当它推上市场之后，由于它的形状特别，所以也吸引了不少的顾客。

方形西瓜是一种用模具压制而成的西瓜。不仅可以长出想要的形状，甚至还能长出你想要的文字来。其实这些西瓜并不是新品种，它只是在西瓜成熟前将西瓜套上特制模型，然后长出来的。由于瓜形好，易运输，一度受到热捧。方形西瓜，最初只是为了方便存储，节省空间。它并不是转基因西瓜，只是人们在培育时，将其放在一个透明的盒子里，所以成熟时它就长成了方形了。

近几年，江苏省淮安市盱眙县农户种植的方形西瓜销量非常好。因为这种西瓜除了普通西瓜皮薄汁多等特点，更重要的是形状有点奇葩，还可以在西瓜上写字、制作图案，更具观赏价值，物以稀为贵，其售价是普通西瓜的 10 倍。它为什么能卖好价格，因为这样的西瓜，它以独特的形状来博眼球，所以说有着一种营销炒作的因素在里边，而且也随着现在网络的发达，有一些人为了追求新鲜，可能会购买这样的西瓜。商家抓住消费者的这种心理，通过新型的西瓜来进行炒作。

江苏苏州一家瓜果模具公司生产的模具可以为各种瓜果"塑形"，只要将作物茎干放在各种模具中，就能长出相应形状的果实。这些模具的使用方法是：农民将模具安装在生长期的作物的茎干上，然后让果蔬生长，慢慢填满模具。除了方形的西瓜，还有形似佛像的梨、五角星形黄瓜、骷髅头南瓜等等。该公司声称"这些模具可以给任何种类的水果塑形"。有的模具甚至还能印字，比如在心形苹果上印上"love"。这间公司出售的模具中有一种骷髅头形状的，客户可以用它制作出恐怖的万圣节骷髅头南瓜。形状奇怪的食物可以"增加产品的价值"，也可以吸引更多目光。

图 8.2　形状各异的果蔬

（二）五粮液集团的“永不分梨”酒火了

消费者总爱追求一些新鲜的东西，越是新鲜的东西，吸引力越大。我们熟悉的一些食物，突然间变成一个新玩意儿，那它绝对会受到追捧。

最近在网上很火的五粮液的“永不分梨”酒，就是这样一种“推陈出新”的酒。看到五粮液的玻璃瓶子里面装着一个大大的梨。或许，很多人会觉得新鲜，还会产生一个疑问——瓶口那么小，这个梨是怎么塞进玻璃瓶的呢？

办法很简单。果农们在梨树花期结束10天后，将细瓶颈的大肚酒瓶，套在梨上。等到梨子完全成熟之后，再将瓶子取下，将装有鸭梨的酒瓶送到酒厂消毒，最后往瓶内装上好的白酒，浸泡90天后就生产出“永不分梨”酒。由于密封程度好，其成熟期一般比其他梨提前5天。而且，由于从刚“出生”就“躲”进了瓶子里，完全隔断了农药及外部不利环境的影响，经有关部门检测，“酒瓶梨”的农药残留量为零。这款酒里边的梨，并不是普通的梨，而是经过精心挑选的邯郸鸭梨，所以，这种酒口感独特，营养丰富。饮用此酒不仅可感受浓浓酒香，还可领略鸭梨带来的芬芳和营养。纯天然、无污染、金黄鲜亮的梨在特制的酒中经久不变，且不用任何防腐剂和保鲜剂。“永不分梨”酒凭着独特种植创意、举世无双的保鲜保色技术以及富有深意的品名受到了人们的欢迎。

（资料来源：百度搜狐网 https://mbd.baidu.com/newspage/data/landingshare? PageType=1&isBdboxFrom=1&context=%7B%22nid%22%3A%22news_10026330676948435376%22%7D。）

（三）盆栽苹果，美了！更贵了！

在辽宁沈阳辽中区，果农李晓春是位名人，在他的朋友圈里，他种的苹果已经卖到了内蒙古、昆明、广西、福建等地。

李晓春种的不是普通的苹果，而是盆栽苹果。他通过冷库和温室进行移动控温，控制盆栽苹果休眠时间，实现一年四季有鲜果。苹果树种植在花盆里，再虚埋地下，不仅节省了土地，还实现了密植，便于管理。现在盆栽苹果每亩可种植果树460株，丰产期提前2~3年，产量竟高出寻常的7倍多。此外，由于肥料的养分在盆中不易流失，使苹果的含糖度也比常规种植的苹果多了3倍。

苹果，在中国人的眼里，有着平平安安的寓意，很多人送盆栽苹果就是送份平安的祝福。李晓春不断创新，专心琢磨起苹果盆景产品——“四面斗”“两面帆”“龙形”“迎客松”“八面风”等种类各异的苹果盆景纷纷受到客户的青睐。于是他连果带树一起卖。特别是修剪成艺术造型的苹果树，有着独特美感，更是价格不菲。仅一棵挂着鲜果的苹果树，就能卖到上万元的价格，不久前，一盆他培育了7年的盆栽苹果竟卖出了4万元的天价。盆栽苹果进入了城市家庭，打造阳台经济，成为现代都市农业的典范。塑造了数亿万计的白领农夫，让都市人体验农耕与收获的快乐。同时也为他创下了年收入 1000 多万元的奇迹。

李晓春特地注册了自己的苹果品牌商标，还把自己的苹果印上了“情侣苹果”“福”“喜”“财”等字样，造型新颖的苹果如：金元宝、寿星老、福娃等大受市场欢迎。

李晓春还细心地将每一棵果树修剪成形，并装进精美的紫砂容器内。装扮一新的“苹果盆景”每盆至少要卖 300 元，比以前的效益翻了好几倍。李晓春还将自己培育的“盆栽苹果”销往蒙古、俄罗斯等国家，而他成了外国客商口中的“小苹果”。近几年，蒙古国，朝鲜等国家已经连续订购“盆栽苹果”达百万株。他的合作社已经在全国 20 多个省市推广栽植“盆栽苹果”五十多万亩，与美国、日本、蒙古、朝鲜和东南亚一些国家签订了种苗、成品果树出口的合同订单。面对未来，李晓春满怀信心，他还在新品种和扩大繁育种类上下功夫，开发出盆栽葡萄、草莓、樱桃等更具观赏价值的新品种，以新、奇、特的全新面貌抢占了国内和国际市场。

李晓春以全新的农业思维理念，依靠科技创新的力量，改变传统的种植模式，让苹果的身价呈几何级数增长。他的“盆栽水果”必将沿着新的丝绸之路走得更远。

图 8.3　盆栽苹果

二、加工过程创意升级——“匠心独运”

农产品加工一直是提高农产品价格的最有效的一种方式，就拿瓜果蔬菜来说，每个地区都有自己的创意农产品。以前“土里土气”的农业产品逐渐变得时尚、实用、有趣，不仅能满足我们的味蕾，更能成为致富新途径。

（一）“丑”蔬菜的完美逆转

买过菜的朋友都知道，市场里的蔬菜新不新鲜、顺不顺眼成为是否畅销的关键。那长得不好看的蔬菜没人要该怎么办？针对这些问题，为了能有效利用这些“低颜值”蔬菜，减少浪费，日本发明了一种蔬菜的新吃法，就是将蔬菜变成像海苔一样的薄片儿，完全颠覆了蔬菜传统吃法，在具备创新的同时美味又健康。

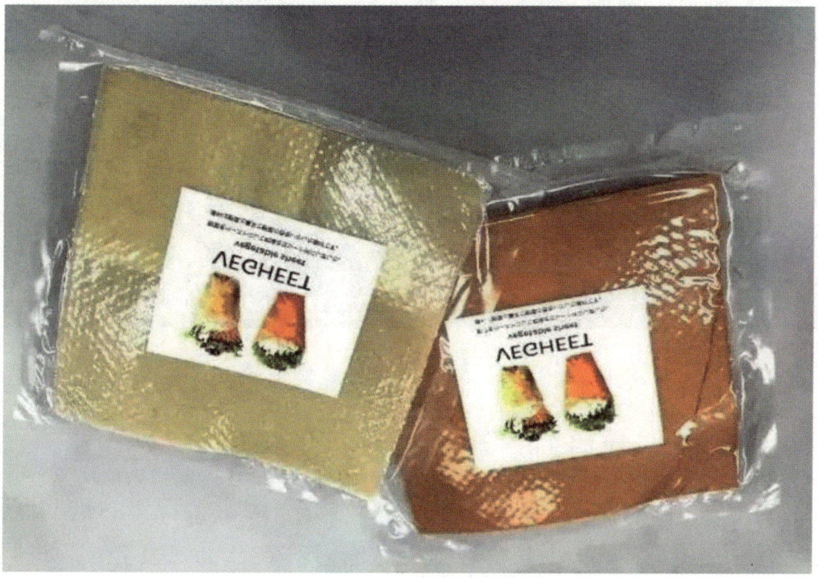

图 8.4　海苔一样的蔬菜

蔬菜怎么成了这副模样？看似新意十足的创新,但它的生产工艺并没有想象中难。蔬菜经过果蔬清洗机中全面“洗礼”和脱水之后，被输送带运往切菜机，再将切好的蔬菜输入斩拌机并搅拌打成膏状，打成膏状后再经过干燥加工把它们变成一片片的薄片。在这过程之中，蔬菜的颜色和味道都保留原汁原味。虽然中间的加热环节会让维生素减少，但除此之外的营养和食物纤维都完整地保留了。因为制作的薄度和韧性刚好，除了切丝切片之外，还可以拿它来当海苔卷寿司。厨师拿它做出来的料理让人垂涎三尺。这给拿不吃蔬菜的小朋友没办法的妈妈带来了福音。这种既颠覆传统，又富有新意还健康美味的蔬菜受到市场的青睐。更值得一提的是，只拿蔬菜和红藻破壁技术的萃取物作为原料的薄片蔬菜，保质期在常温下长达一年，受到防灾意识强的日本大众的欢迎。

目前量化生产的薄片蔬菜已经有红萝卜、白萝卜和番茄。后期会投入生产柠檬、梅干、南瓜、甜椒等蔬果。

（二）彩绘柚画：彩绘后的水果可以卖出高价钱

台中卖柚子的小盘商邓先生对绘画很有热情，由于柚子进货之后需要时间催熟，他突发奇想将要卖的柚子表皮上画上可爱的图案，由于柚子表皮含油且凹凸不平，邓升文用少许的白胶进行填充，只花 20 分钟就可以完成一只彩绘柚子，大受顾客欢迎，中秋节期间自己彩绘的文旦柚被预订了 500 多颗。

图 8.5　吸引眼球的彩绘柚画

（三）农产品废弃物的创意加工案例

农业生产过程中，有很多可以利用的“废弃物”。通常情况下，这些废弃物会被弃之不理，但是在独具慧眼的人眼里却是宝贝。他们对农产品“废弃物”进行创意提升，通过艺术植入、功能创新、工艺改进等手段，实现农作物使用功能的提升及艺术功能的提升。匠心独运，农产品“废物”变废为宝！为人们带来滚滚财富，带动更多人致富。代表性农产品：手工麦秆扇、铁扫帚等富有创意的实用品和艺术品。

1. 麦秆扇“扇”起致富风

家住山东泰安新泰市羊流镇三洼村的张女士，自小喜欢编织，从奶奶、母亲处学了编麦秆扇的手艺，由于编得比较精巧，亲戚朋友都喜欢。于是张女士有了一个大胆的想法，在老一辈制作麦秆扇的基础上做一些改进，再放到网上卖。没想到，还真的有人问津。虽然传统的麦秆扇的制作工艺引起了一部分网上销售商的兴趣，但扇子毕竟不是必需品，真下单订购的人不多。为了打开市场，张女士挨家推销，最终只与一家销售商达成了合作意向，第一年也只卖出 1000 把麦秆扇。

图 8.6　张女士带领村民们编织做工精巧的麦秆扇

可是，张女士并不灰心。她经过调研市场的需求和客户的反馈，不断改进麦秆扇的工艺和样式，使麦秆扇的手工技艺得到了越来越多人的认可。扇子虽小，但工序也不少：编把、缠把、浸泡、编网、合片、绞样、沿边、上把、修剪……大约有十几道。想要做大做强，就得有更多的人加入编织麦秆扇的行列。于是张女士利用自己的非遗技艺，带领周边村子的群众一起编织麦秆扇，乡亲们分工明确、有条不紊、流水制作，张女士则做最后一道把关工序。扇子编织已经让周围的妇女和老人拥有一技之长，并有效地增加了他们的收入。

他们制作出的麦秆扇美观，制作过程全靠手工技艺，原材料也十分环保，因此销售商越来越多。在 2018 年销量一下达到了 3 万多把，2019 年销售商达到了五六十家，遍布陕西、安徽、广东、武汉、内蒙古等多省，销量也达五万多把，而这一数据还在不断攀升。一批批货的发出，为张女士和她的麦秆扇的制作团队带来了不错的收入。她用一把不起眼的麦秆扇。为村子里“扇”起了致富风，带领大家走在共同致富的路上。

如今张女士的麦秆扇生意越来越红火，她已经注册成立了新泰市 SY 工艺品加工工厂，通过淘宝和阿里巴巴线上批量加工销售，生产的手工麦秆扇供不应求。麦秆扇运往全国各地，迈进国际市场。

2. 不起眼的扫帚草，带来滚滚财富

房前屋后，田间地头的不起眼的“铁扫帚草”，咱们可能觉得一文不值，却给汪××夫妇带来了滚滚财富。

20 多年前，汪××在建筑工地打工，他发现工地上和一些酒店用的一种扫帚，既坚韧耐用又不像高粱扫帚那样怕水掉籽。原材料竟然是家乡不起眼的杂草——“铁扫

帚草”。汪令霞产生了一个大胆的想法，或许杂草就是一个大的商机。她合计，自己也能用“铁扫帚草”做成扫帚，增加家庭收入。她和丈夫算了一笔账：以每年 10 户 30 人平均消费 1 把扫帚的使用频率计算，老家郧西县城一百公里为半径统计常住人口 5000 万人，远的还有十堰市、武汉甚至陕西，总需求量在 2000 万把以上。薄利多销，算下来也比工地上收入强多了。

于是，夫妇俩果断回到郧西，收来一屋的“铁扫帚草”原材料开始了创业之旅。丈夫胡朝柱负责在外跑销路，学校、环卫城管、建筑工地……只要能想到的机构，都成了重点攻克对象。汪令霞在家里扎扫帚，虽一天只能扎几十把，但质量非常好。刚开始，一天只能卖十几把。半年后，一天能卖 50 多把。一年后，一天能卖 100 多把。不经意间，汪令霞的扫帚竟占领了郧西过半市场。

图 8.7　汪 × × 夫妇工厂加工制成的铁扫帚

汪 × × 夫妇建立起了合作社，修建了 900 平方米的加工车间、1500 平方米的仓库，带动村民尤其是贫困户致富。村民将自家的地流转给合作社，一亩地租金 500 元。她从湖南引进铁扫帚草良种，免费为村民提供铁扫帚种子、化肥、农药和技术服务，发展并带动周围 14 个乡镇、41 个行政村种植“铁扫帚草”，面积达 28 380 亩。农民种出的“铁扫帚草”合作社按 2 元一斤保底收购。她的工厂解决村民及其部分县城下岗工人就业问题，合作社吸纳了 120 多名残疾人就业。在景阳、关防等偏远乡镇还建立了扫帚扶贫加工车间。2019 年销售额已达 4000 万元。

如今，扫帚销售区域业扩大到全国 10 多个省市。销量大涨，也打造出“胡扫匠”等自有品牌。除了扫帚，汪 × × 还开发出了风铃、高粱秆画、痒痒挠、锅刷、床扫等工艺品，不仅富有民族特色且兼具实用性。今年万圣节，汪 × × 的魔法扫帚还卖到了欧美国家。

小杂草，大能耐。创造年销售额4000万的奇迹。扫帚草除了经常被用来做成扫帚，还有很高的药用价值，并且翻身成了城里餐桌上的养身名菜。相信汪××夫妇的生意会越来越兴隆，研发出的产品更加富有创意，受到更多消费者的青睐。

三、包装过程创意提升案例

近些年来，在农产品交易中，一些原生态产品，因为形象不好而卖不上价钱，有的甚至大甩卖。其实，那些土里土气的绿色农产品，只要稍加打扮，身价大增。如何让农产品具有个性化、创意化、时尚化、品牌化等特点，提升农产品的附加值，使其在市场上具有较强的竞争力。包装是消费者视觉感受的第一步，也是农产品可以在竞争中脱颖而出的利器。品牌形象包装设计需要尽量获得消费者视觉和心理的双重认可，这样农产品才能在品牌化道路上走得更稳健、更远。

（一）掌生谷粒古朴自然又充满文化气息的包装设计

台湾著名的掌生谷粒，采用原住民纺织的特色花布作为包装材质，充满了浓浓的当地文化气息；用古朴的牛皮纸制成传统口袋状外形，搭配上纸藤封口手柄，再配上白色棉纸以及传统书法文字撰写，十分古朴自然，实现文化再生和品牌打造。

图8.8　掌生谷粒系列产品包装展示

（二）人格化品牌——蒙巴汉子

蒙巴汉子这一人格化品牌，让巴美羊肉成为行业“领头羊”。巴美羊肉源自内蒙古巴彦淖尔地区，因此在名称中以“蒙巴”两字来突出产品产地，这样消费者可以直观地联想到品牌产地。“汉子”代表了品牌创始人的硬汉形象，同时也蕴含了一种坚忍不拔的精神。画面展示元素包括蓝天、白云、身着蒙古服饰的牧羊人、肥硕健壮的蒙古肉羊，这一幅极具地域特色的画面将浓厚的区域化品牌标签跃然纸上，让人过目不忘。

图 8.9　蒙巴汉子系列产品包装展示图

（三）卡通漫画类——好玩、有趣、有特色

现在很多的农产品的最终走向就是快消食品的路子，或者是从传统渠道走向电子商务平台，在面对更加时尚、需求高的年轻群体，有时候需要通过寻求有趣又具有浓浓的特色创意。这款小冬橙卡通插画包装以多色彩高颜值的视觉效果、传统色彩手绘+童话元素的结合，更偏向于自然萌趣，让人眼前一亮。

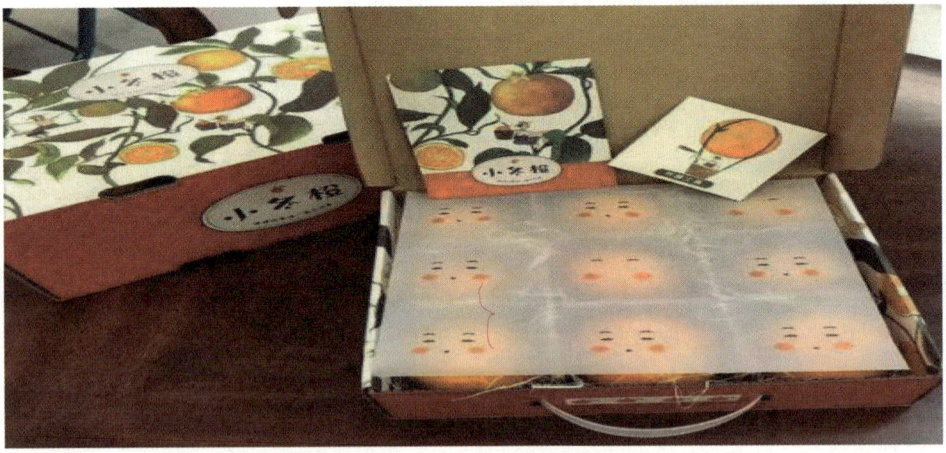

图 8.10　小冬橙卡通包装展示图

卡漫插画类的农产品包装除了有趣好玩之外，还带有浓浓的特色创意，如“小城大柿”柿饼品牌包装的灵感就源自丰子恺漫画里的乡村田园。篱笆围起来的院落，儿时的自己在奶奶的陪同下用竹竿将成熟的柿子打落下来，捡起来放在竹篮里。这个包装设计用一种独特的文化风格，展示出一幅温馨的画面，使儿时的童趣得以真实还原，能够让消费者产生共鸣，以情动人，有很强的带入感。

图 8.11 “小城大柿”包装展示图

四、营销过程创意提升——“互联网新思维”缔造新受众

拥有好的农产品，还需要营销方式的创意提升，才能带来农产品销售的成倍增长。营销过程的创意提升，是指抓住游客的消费心理，通过文化注入、名人品牌带动等方式，将产品特色进行极致展现，进而实现农产品销售的持续升级。

（一）褚橙：将“有故事”的农业进行到底

褚橙是传奇企业家褚时健 75 岁二度创业的结果，褚时健经历了从昔日“烟王”到后来跌入人生谷地，再到如今涅槃重生，跨界涉足农业领域，创造“褚橙”的过程。褚橙为什么卖得这么火？这与褚时健的传奇故事、媒体的报道、知名企业的赞助、个性化的包装设计等有着密不可分的联系。

“褚橙”的诞生本就是充满传奇色彩和励志精神的过程，对于这个品牌来说，这种精神和文化符号就是营销的引爆点。褚时健的励志事件经过媒体报道及王平、徐小平等利用微博转发之后，引发热议，大家纷纷表达对褚时健的“敬佩与支持”。褚橙成为“励志橙”。励志文化的演绎，从单纯卖农产品到讲述农业背后的故事；褚橙的成功，首先是基于好的产品，通过创意营销，而“橙”名天下。褚橙利用的就是将褚时健的“励志基因”融入其中，讲述褚橙背后褚老的故事，即褚老认真做事一心钻研的态度、果园的流程管理以及跟果农的共同创富的信念。通过品牌人格化和故事营销，将理性的价格曲线向外平移到一个“非理性”的价格曲线，然后通过品牌的塑造进一步把市场变大。

要影响自己想要影响的目标人群，就要找到目标人群意见领袖和偶像。让他们讲述品牌或者产品的故事，以此来取得群体和粉丝的认可。2013 年本来生活网在“励志橙”核心不变的前提下，再出新招，将褚橙送给微博红人，通过独特的标签巧妙互动、有趣的定制化包装，让这些收到礼物的意见领袖们纷纷主动在网络晒单。2013 年 11 月，为了能让褚老的励志精神辐射更广的人群，让更多人吃到更好的褚橙，本来生活网邀请赵蕊蕊、蒋方舟、张博、黄凯等 10 位“80 后”励志人物代表，拍摄了“80 后致敬 80 后（85 岁的褚时健老人）”梦想传承视频，并迅速在网上流传。褚橙的卖点已变成“励志橙”，“褚橙”身价可谓“节节攀升”。

（资料来源：百度搜狐网 https://2ly4hg.smartapps.cn/pages/article/article? articleId=197845574&authorId=761567&spm=smbd.content.share.0.16058534789928QYykKu&hostname=baiduboxapp&_swebfr=1。）

（二）三只松鼠：营销也要“卖萌”，小小坚果谁最爱

“三只松鼠”是由安徽三只松鼠电子商务有限公司推出的第一个互联网森林食品品牌。代表着天然、新鲜以及非过度加工。“三只松鼠”仅仅上线 65 天，其销售在淘宝天猫平台坚果行业跃居第一名，花茶行业跃居前十名。其发展速度之快，创造了中国电子商务历史上的一个奇迹。在 2012 年“天猫双 11”大促中，成立刚刚 4 个多月的“三只松鼠”当日成交近 800 万元，一举夺得坚果零食类冠军宝座，并且成功在约定时间内发完 10 万笔订单，创造了中国互联网食品历史突破。超过 3 亿元的年销售收入，而且，这还只是一个开始。三只松鼠的营销卓有成效，成功秘诀则在于对互联网渠道的成功应用和人文关怀。

三只松鼠的“萌”营销只是表层原因。直接赋予了品牌人格化，以主人和宠物之间的关系，替代了传统的商家和消费者之间的关系，这才是三只松鼠的本质意义。客服以松鼠宠物的口吻与顾客交流，顾客成了主人，客服成了宠物。于是，客服可以撒娇，可以通过独特的语言体系在顾客脑中形成更加生动的形象。这样一种聊天方式让消费者与品牌零距离接触，品牌不再是高高在上，而是亲切、真实，体验感极强。

三只松鼠有着自身精确的企业文化定位。他们基于消费者考虑，看看人们喜欢吃什么样的零食，而且零食多样化，既满足更多消费者的需求，也扩大了三只松鼠品牌的销量。三只松鼠还在细节上做到极致。三只松鼠公司领导人发现消费者购买坚果肯定需要一个垃圾袋，于是三只松鼠公司就在包裹里加上一个 0.18 元的袋子，虽然增加了额外成本，但是用户却会被三只松鼠的细心体贴关怀打动。连续地制造这种惊喜和感动，打动消费者。2019 年三只松鼠全年销售突破百亿，成为零食行业首家迈过百亿门槛的企业，2020 年三只松鼠在互动平台上线了外卖服务，创造属于自己的一片蓝天。

（资料来源：百度搜狐网 https://2ly4hg.smartapps.cn/pages/article/article?articleId=197845574&authorId=761567&spm=smbd.content.share.0.16058534789928QYykKu&hostname=baiduboxapp&_swebfr=1。）

【任务训练】

1. 农产品创意营销主要方式有哪些？
2. 农产品创意营销的作用是什么？
3. 要想农产品营销做得更好还有哪些技巧？

【任务拓展】

农产品营销的困扰

农产品销售问题一直困扰着农业老板，如何卖出去？如何卖出高价？我认为需要搭建多渠道销售，并且必须掌握三个核心：

1. 优质渠道

快速把农产品推出去的渠道，农业老板最好与用户基数大、流量大的渠道或平台合作。

2. 建立完整的供应链团队

保证农产品供应链的稳定和自身竞争能力，有助于整个农业经济效益的提高。

3. 拓宽销售渠道

可将农产品和网络直播、微商、餐饮、社群等方式结合起来，才能刺激用户需求、留住客户、鼓励消费。

参考文献

[1] 彭纯宪. 网络营销[M]. 北京：高等教育出版社，2005.

[2] 冯金祥. 市场营销知识[M]. 北京：高等教育出版社，2012.

[3] 宁泽逵，李红，张谦，等. 新农民创业致富指南[M]. 北京：人民出版社，2011.

[4] 过建春. 农产品营销学[M]. 北京：中国农业出版社，2007.

[5] 宋美义. 企业市场营销环境分析——浅谈微观环境因素对企业的影响[J]. 经济与管理，2005（6）.

[6] 韩锡政. 当前形式下企业如何处理与市场营销环境的关系[J]. 太原城市职业技术学院，2004（S2）.

[7] 谷春梅. 企业市场营销环境分析误区研究[J]. 北华大学学报（社会科学版），2003，4（4）.

[8] 廉晶晶. 企业应对市场营销环境变化的策略研究[J]. 企业改革与管理，2014（22）.

[10] 陈建中，吕波. 营销策划文案写作指要[M]. 北京：中国经济出版社，2020.

[11] 李祖武. 物流市场营销[M]. 北京：清华大学出版社，2008.

[12] 杨明刚. 市场营销策划[M]. 北京：高等教育出版社，2015.

[13] 董芳. 营销策划[M]. 成都：西南财经大学出版社，2015.

[14] 王珑. 农产品品牌形象设计研究——以临安山核桃为例[D]. 杭州：浙江农林大学，2012.

[15] 路正佳. 基于"淘宝村"销售环境的农产品品牌传播策略[J]. 中外企业家，2016（29）：41-45.

[16] 杨文剑. 农特产品品牌形象建构的设计探索[J]. 浙江农林大学学报，2011，28（5）：789-793.

[17] 品牌发展委. 什么是品牌_品牌定位调性是什么[EB/OL]. [2013-06-20]. http://www.pinpaifazhan.org/zjsd/info1916.html.

[18] 王春华. 我国山核桃产业发展现状与建议[J]. 山西果树，2016（2）：19-20.

[19] 叶晓明. 农产品区域品牌形象与品牌忠诚度的关系——以茶叶为例[D]. 杭州：浙江工商大学，2011.

[20] 朱加玉. 农产品品牌推广三要点[J]. 农家致富，2016（19）：17.

[21] 郭立宏，李志新，侯金柱. 我国农产品品牌营销现状及对策[J]. 中外企业家，2016（27）：33-34.
[22] 王静. 农产品网络营销初探[J]. 农村财政与财务，2008（4）：22-24.
[23] 赵鑫. 品牌形象设计中构成元素的意象表达研究[D]. 哈尔滨：哈尔滨理工大学，2017.
[24] 胡茉，夏健明. 品牌文化构建要素及其传播路径研究[J]. 现代管理学，2011（5）：115-116.
[25] 陈令军. 基于文化视角的农产品品牌建构研究[D]. 西安：西北农林科技大学，2010.
[26] 贺丹. 基于网络销售的农产品品牌形象设计研究[D]. 杭州：浙江农林大学，2014.
[27] 赵惜然. 国外节庆大观[J]. 北京：北京农业，2014（32）.
[28] 郭大卫. 林林总总的节庆文化[J]. 文化交流，2012（2）.